mon album d'activités • Larousse

les petits physiciens s'amusent

Jack Challoner

Larousse

17, RUE DU MONTPARNASSE, 75298 PARIS CEDEX 06

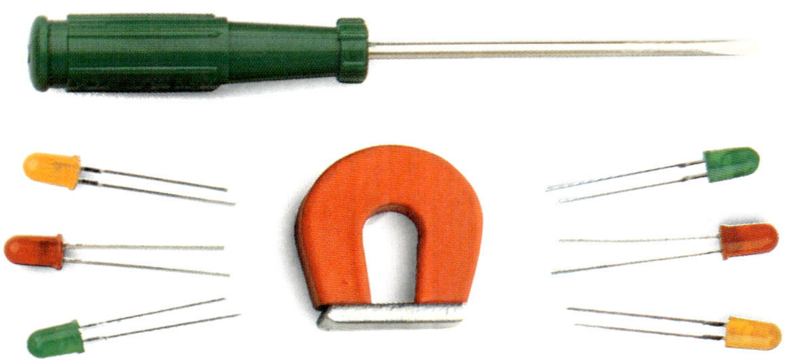

Conception graphique P. Britchfield
Photographie D. King

Traduction C. Dubern
Coordination Larousse A. Thomas

Un livre de Dorling Kindersley.
Titre original : *My First Batteries and Magnets Book.*

Distributeur exclusif au Canada : Les Éditions françaises Inc.
Imprimé en Italie par L.E.G.O.
Dépôt légal : février 1993
N° d'éditeur : 18435.
601158 B - avril 1995

ISSN : en cours d'attribution
ISBN 2-03-601158-6

SOMMAIRE

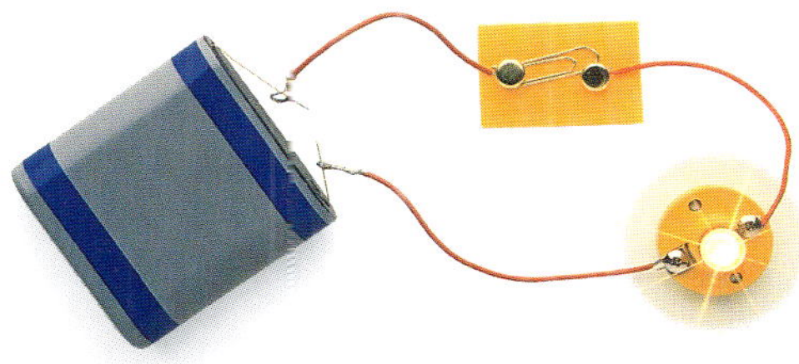

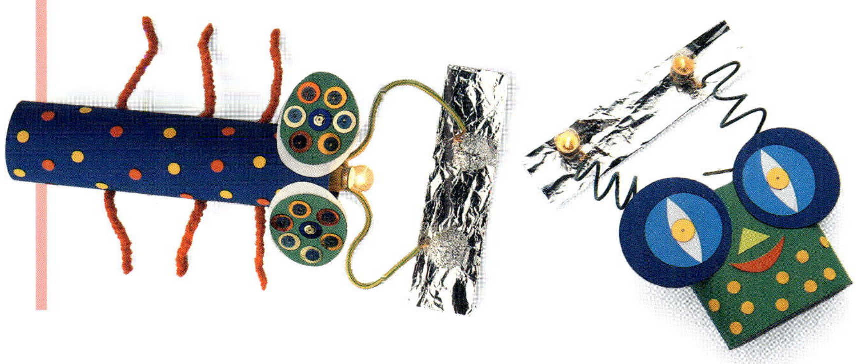

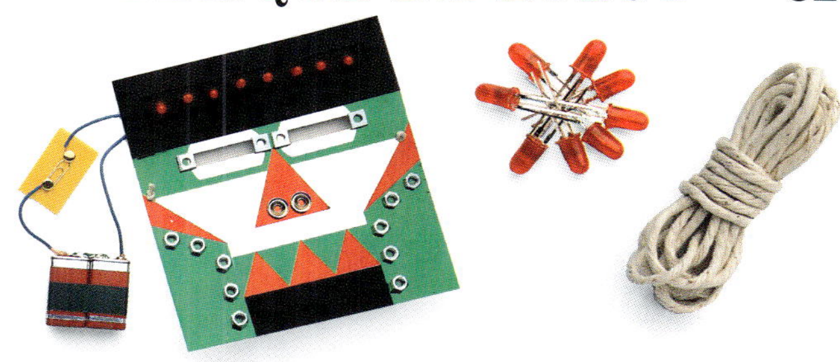

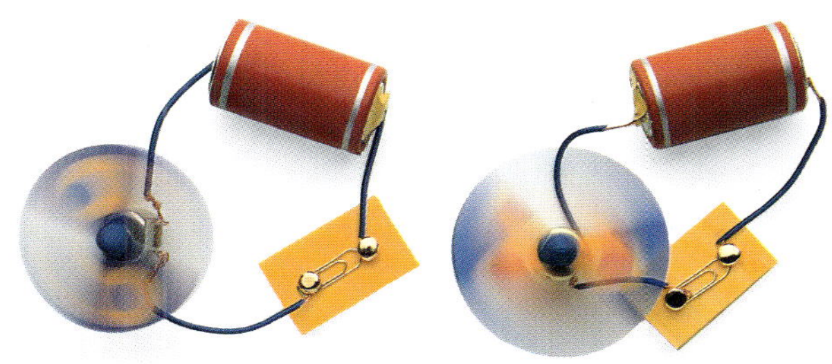

LA SCIENCE PAR L'IMAGE

Avec *Les expériences des petits physiciens,* tu peux réaliser toutes sortes d'expériences passionnantes. Des photographies et des instructions précises te guident à chaque étape ; et, pour t'aider, tous les éléments utiles ainsi que les résultats à obtenir te sont présentés grandeur nature. Mais, avant de commencer, voici le mode d'emploi de ton livre.

Comment utiliser ce livre

Pourquoi cette expérience ?
Au début de chaque expérience, tu peux découvrir quel phénomène elle illustre.

Le matériel
Cet encadré te montre les ustensiles à réunir avant de commencer une expérience.

Ce qu'il te faut
Tous les éléments dont tu auras besoin sont photographiés grandeur nature.

TROMBONES EN FÊTE

Un aimant peut aussi attirer les objets métalliques à travers du carton ou du feutre. Confectionne vite ce drôle de clown, qui va gesticuler, et ce brave hérisson, qui t'aidera à ranger tes trombones.

MATÉRIEL
Ciseaux
Crayon à papier

Il te faut
Stylos-feutres multicolores
Beaucoup de trombones
3 aimants droits
Feutre de couleur
Carton blanc
Colle
Attache

Crée ton clown

1 Découpe un clown en carton blanc et colorie-le. Dessine une piste de cirque sur un morceau de carton plus grand.

2 Découpe des mains et des pieds et colorie-les. Attache-les au corps avec trois trombones accrochés les uns aux autres.

3 Plante une attache dans le clown, fais-la passer au centre de la piste du cirque. Rabats les 2 languettes au dos.

4 Déplace un aimant derrière la piste du cirque. Que se passe-t-il alors ? Observe les bras et les jambes de ton clown.

CLOWN DANSANT
Attache
Les bras et les jambes du clown suivent les mouvements de l'aimant derrière le carton.
Avec un peu d'expérience, tu feras faire à ton clown des pas de danse très drôles !

Ils se hérissent !

1 Colle un rectangle de feutre sur un aimant. Découpe un demi-cercle pour la tête, puis des pieds, un nez, des yeux.

2 Roule le demi-cercle en forme de cône et colle-le au corps. Colle les pieds, le nez et les yeux. Puis ajoute les trombones.

Trombones métalliques
Trombones métalliques recouverts de plastique pour le hérisson
Yeux en feutre blanc et bleu
Triangle de feutre noir pour le nez
Pieds en feutre noir

12

13

Conseils pratiques

1 Avant de commencer une expérience, lis bien les instructions et rassemble tout le matériel nécessaire.

2 Pour réaliser ces expériences, n'utilise que des piles. Ne touche surtout pas aux prises de courant : *c'est très* dangereux !

3 Attention aux pinces, aux ciseaux et aux tournevis ! Ne t'en sers pas sans qu'un adulte soit près de toi.

4 Évite de faire tomber tes aimants ; ils pourraient se démagnétiser. Tu peux tenter de les recharger en les effleurant, toujours dans le même sens, avec un autre aimant (voir page 17).

5 Ne laisse pas les piles fonctionner trop longtemps : elles chauffent et s'usent très vite.

6 Lorsque tu as fini tes expériences, range ton matériel et nettoie tout soigneusement.

Pas à pas
Tu seras guidé à chaque étape par des photos et des instructions détaillées, en dessous.

Les explications
À la fin de chaque expérience, tu trouveras l'explication simple du phénomène qui s'est produit.

Le résultat
Des photographies en couleurs, grandeur nature, te montrent le résultat de l'expérience. Maintenant, à toi d'agir !

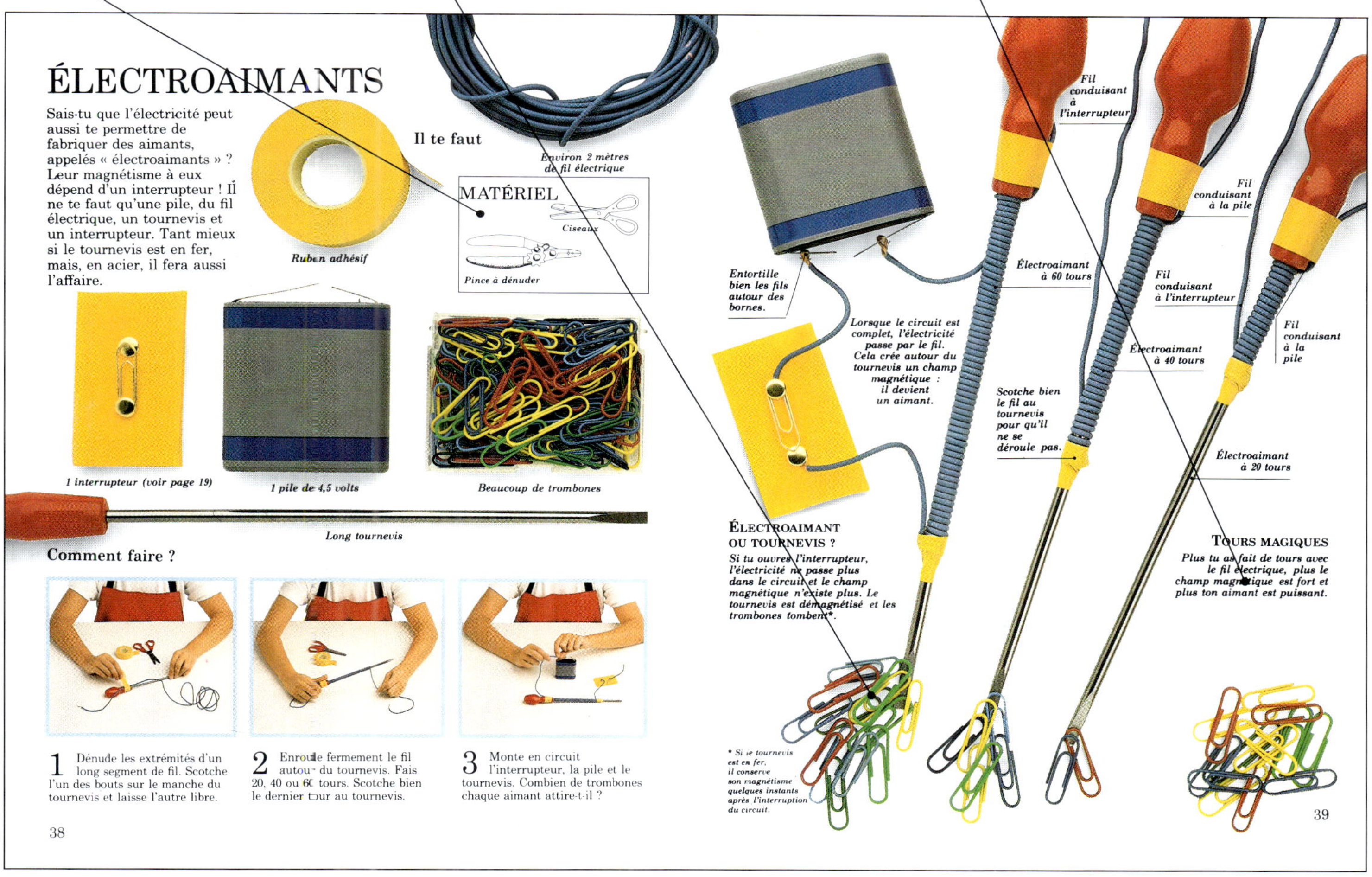

ÉLECTROAIMANTS

Sais-tu que l'électricité peut aussi te permettre de fabriquer des aimants, appelés « électroaimants » ? Leur magnétisme à eux dépend d'un interrupteur ! Il ne te faut qu'une pile, du fil électrique, un tournevis et un interrupteur. Tant mieux si le tournevis est en fer, mais, en acier, il fera aussi l'affaire.

Comment faire ?

1 Dénude les extrémités d'un long segment de fil. Scotche l'un des bouts sur le manche du tournevis et laisse l'autre libre.

2 Enroule fermement le fil autour du tournevis. Fais 20, 40 ou 60 tours. Scotche bien le dernier tour au tournevis.

3 Monte en circuit l'interrupteur, la pile et le tournevis. Combien de trombones chaque aimant attire-t-il ?

38

ÉLECTROAIMANT OU TOURNEVIS ?
Si tu ouvres l'interrupteur, l'électricité ne passe plus dans le circuit et le champ magnétique n'existe plus. Le tournevis est démagnétisé et les trombones tombent.*

TOURS MAGIQUES
Plus tu as fait de tours avec le fil électrique, plus le champ magnétique est fort et plus ton aimant est puissant.

** Si le tournevis est en fer, il conserve son magnétisme quelques instants après l'interruption du circuit.*

39

PILES ET AIMANTS

Voici le matériel qu'il te faut pour réaliser tes expériences. Les piles, les ampoules et tous les éléments que tu vois ici existent en différentes tailles. Attention de ne pas te tromper en les achetant. Tu verras, page 48, où trouver ces fournitures.

1 pile de 9 volts

1 pile de 1,5 volt

1 pile de 4,5 volts

Petits moteurs électriques (de 1,5 à 4 volts)

Ampoules de 1,5 volt, 2,5 volts, 3,5 volts, 4,5 volts

Douilles

Matériel électronique pour le poste de radio (voir pages 42-43)

1 rhéostat

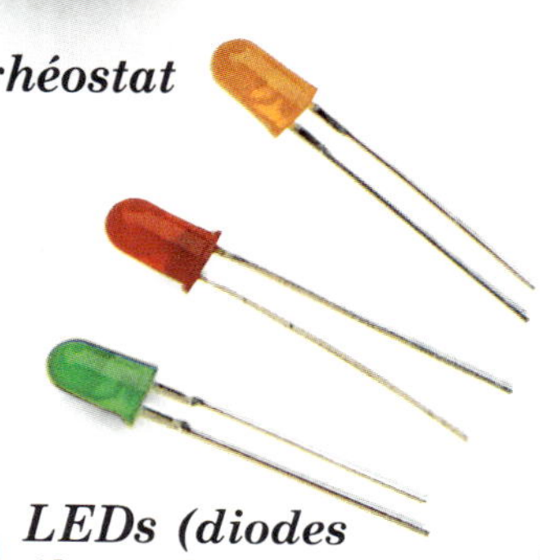

LEDs (diodes électroluminescentes)

Pince à dénuder

tenailles

Fil électrique souple plastifié

Écouteur pour radio (appelé aussi écouteur cristal)

** Les LEDs comportent 1 ampoule et 2 « jambes », ou électrodes.*

Aimants droits
Aimants carrés
Aimants ronds
Petits tournevis
Limaille
Aimants
en fer à cheval
Trombones en métal
Tournevis
cruciforme
Attaches
parisiennes
Ruban adhésif
Plastique
ou carton
ondulé
Papier
d'aluminium
Ciseaux

AIMANT MAGIQUE

Les aimants semblent doués de pouvoirs magiques : ils permettent de faire bouger les objets sans les toucher. C'est ce que l'on appelle le magnétisme. Tu vas apprendre à t'en servir pour réaliser toutes sortes de tours très amusants.

Aimants de différentes tailles

Il te faut

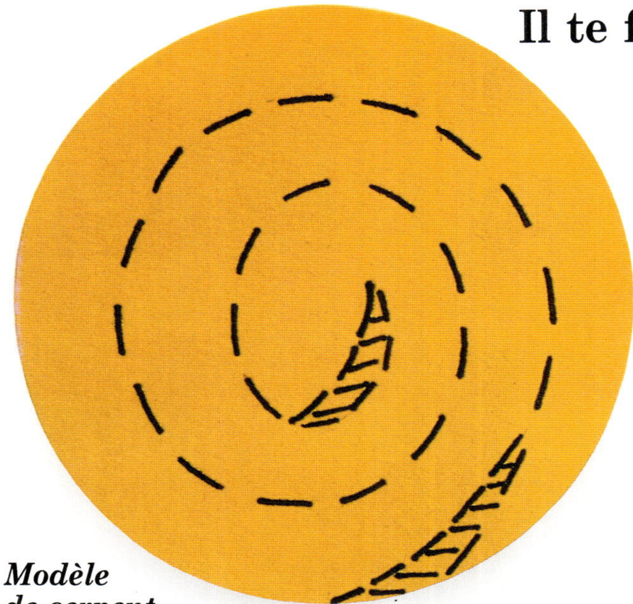

Modèle de serpent

Objets divers et trombones

Règle

Fil de coton

Feutres de différentes couleurs

Colle

Ruban adhésif

MATÉRIEL

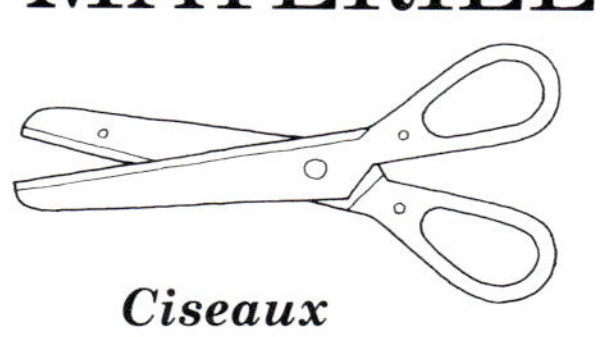

Ciseaux

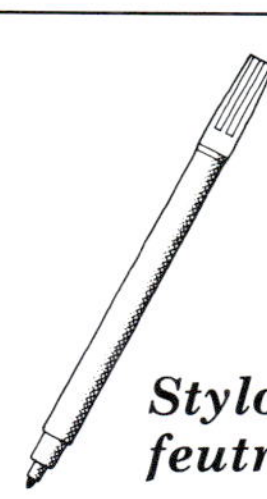

Stylo-feutre

Attraction magnétique

Approche un aimant de chacun des objets que tu viens de réunir. Lesquels sont attirés ? De quoi sont-ils faits ?

Comment faire ?

1 Dessine le serpent selon le modèle et découpe-le dans le feutre. Décore-le de petits morceaux de feutre de couleur.

2 Ajoute des yeux et une langue. Noue un court morceau de fil à un trombone. Fixe-le sur la tête du serpent.

3 Scotche un aimant sur le bout de la règle et fixe l'extrémité du fil à la table.

C'est magique :

Charmeur de serpent

Tiens la règle au-dessus de la tête du serpent. L'aimant attire le trombone, le fil se tend. Bouge un peu la règle : le serpent danse.

Cerf-volant

Avec un losange de feutre et des petits nœuds, fabrique un cerf-volant. Qu'arrive-t-il si tu coupes le fil ?

Fleur

Attraction

L'aimant attire tout ce qui est métallique.

Pesanteur

Si le serpent est trop lourd pour l'aimant, raccourcis le fil. Si cela ne suffit pas, utilise un aimant plus puissant ou découpe un serpent plus petit.

Serpent

Comment ça marche ?

Le trombone est attiré par l'aimant (magnétisme). Le fil l'empêche d'aller se coller sous la règle. Ainsi, il reste suspendu en l'air.

DÉCORE LE RÉFRIGÉRATEUR

Décorer le réfrigérateur de formes aimantées multicolores qui égaieront la cuisine, rien n'est plus facile ! L'aimant colle au réfrigérateur en acier, comme à tout élément métallique. Fais-en l'expérience avec d'autres objets métalliques.

MATÉRIEL

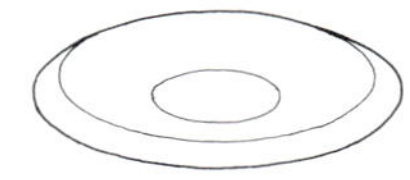

Assiette pour la peinture

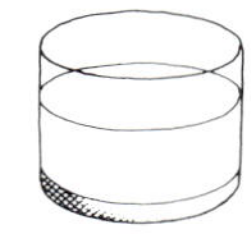

Verre d'eau

Pinceau

Couteau à modeler

Il te faut

Colle

*Terre glaise colorée qui durcit au four**

Terre glaise incolore qui durcit seule

Vernis à ongles transparent

Peinture à l'eau

Petits aimants plats

Comment faire ?

1 Fais durcir les formes que tu as modelées en suivant attentivement les instructions données sur l'emballage.

2 Peins les formes en glaise incolore et laisse-les sécher. Recouvre-les ensuite d'une couche de vernis à ongles.

3 Lorsque le vernis est sec, colle un aimant derrière chaque forme. Laisse sécher quelques instants. C'est prêt !

* *Demande à un adulte de t'aider à te servir du four.*

Ils tiennent !

La baleine bleue et le monstre sont en terre glaise colorée cuite. Les acrobates, les poissons et le dinosaure, en terre glaise naturelle peinte.

Petits poissons

Baleine bleue

Quel monstre !

Dinosaure

Fabrique une armée de dinosaures pour garder le réfrigérateur !

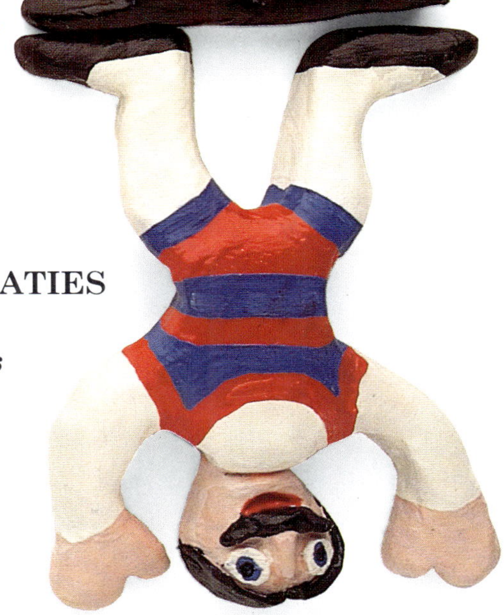

Acrobaties

Place tes acrobates dans les positions les plus folles.

TROMBONES EN FÊTE

Un aimant peut aussi attirer les objets métalliques à travers du carton ou du feutre. Confectionne vite ce drôle de clown, qui va gesticuler, et ce brave hérisson, qui t'aidera à ranger tes trombones.

MATÉRIEL

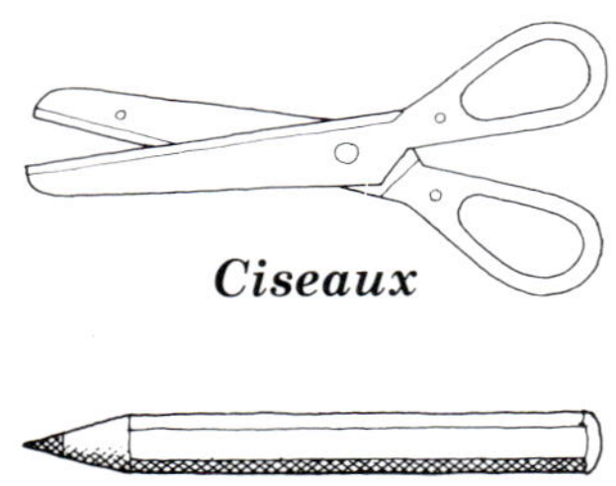

Ciseaux

Crayon à papier

Il te faut

Stylos-feutres multicolores

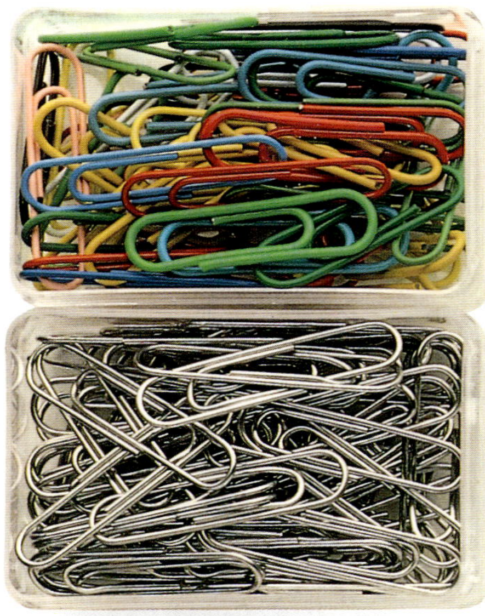

Beaucoup de trombones

3 aimants droits

Feutre de couleur

Carton blanc

Colle

Attache

Crée ton clown

1 Découpe un clown en carton blanc et colorie-le. Dessine une piste de cirque sur un morceau de carton plus grand.

3 Plante une attache dans le clown, fais-la passer au centre de la piste du cirque. Rabats les 2 languettes au dos.

Ils se hérissent !

1 Colle un rectangle de feutre sur un aimant. Découpe un demi-cercle pour la tête, puis des pieds, un nez, des yeux.

2 Découpe des mains et des pieds et colorie-les. Attache-les au corps avec trois trombones accrochés les uns aux autres.

4 Déplace un aimant derrière la piste du cirque. Que se passe-t-il alors ? Observe les bras et les jambes de ton clown.

2 Roule le demi-cercle en forme de cône et colle-le au corps. Colle les pieds, le nez et les yeux. Puis ajoute les trombones.

Clown dansant

Les bras et les jambes du clown suivent les mouvements de l'aimant derrière le carton.

Avec un peu d'expérience, tu feras faire à ton clown des pas de danse très drôles !

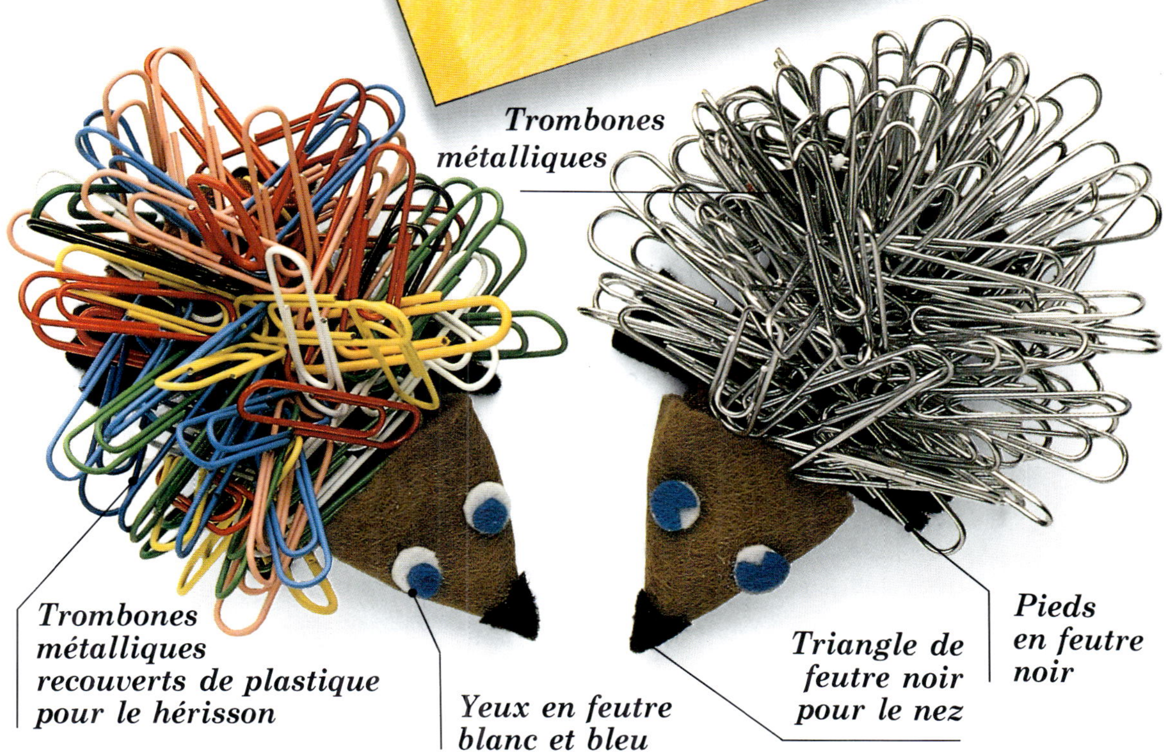

CHAMP MAGNÉTIQUE

Les pouvoirs magiques de l'aimant s'expliquent par son champ magnétique. Pour matérialiser le phénomène, prends de la limaille et approche-la d'un aimant : elle va s'y coller. Plonge la limaille dans du sirop bien collant*. Quels sont ces mystérieux dessins qui se forment lentement ?

MATÉRIEL

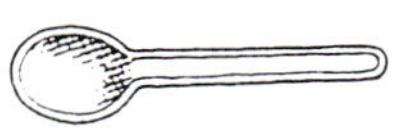

Cuillère à dessert

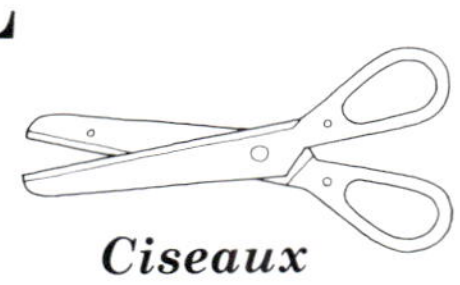

Ciseaux

Crayon

Il te faut

Aimants de différentes tailles

Ficelle

Récipients en plastique ou en verre transparent

Limaille

Rouleau de plastique transparent

Sirop jaune

Le mélange

Dans le sirop, verse en pluie une cuillerée de limaille. Mélange doucement.

Dessins mystérieux

Répartis le mélange dans les récipients. Place les aimants en dessous ou sur les côtés. Les champs magnétiques apparaissent !

Champ à 3 dimensions

Remplis un verre avec le mélange. Enveloppe de plastique un aimant et attache-le à un crayon avec un bout de ficelle. Plonge-le au milieu du verre.

**** Remue bien le mélange avant chaque utilisation.***

Champs de limaille

Chaque aimant forme un dessin qui correspond à son champ magnétique. Compare les champs magnétiques d'aimants de taille, de forme et de force différentes. Observe ce qui se passe lorsque tu places côte à côte deux aimants ou plus. Voilà certains des dessins que nous avons obtenus.

Dessins magnétiques

Lorsqu'on place un aimant à proximité du mélange, la limaille est magnétisée. Elle s'aligne dans le champ de l'aimant et glisse très lentement vers ses extrémités, là où l'attraction est la plus forte. Lorsque deux aimants se trouvent rapprochés, le dessin change.

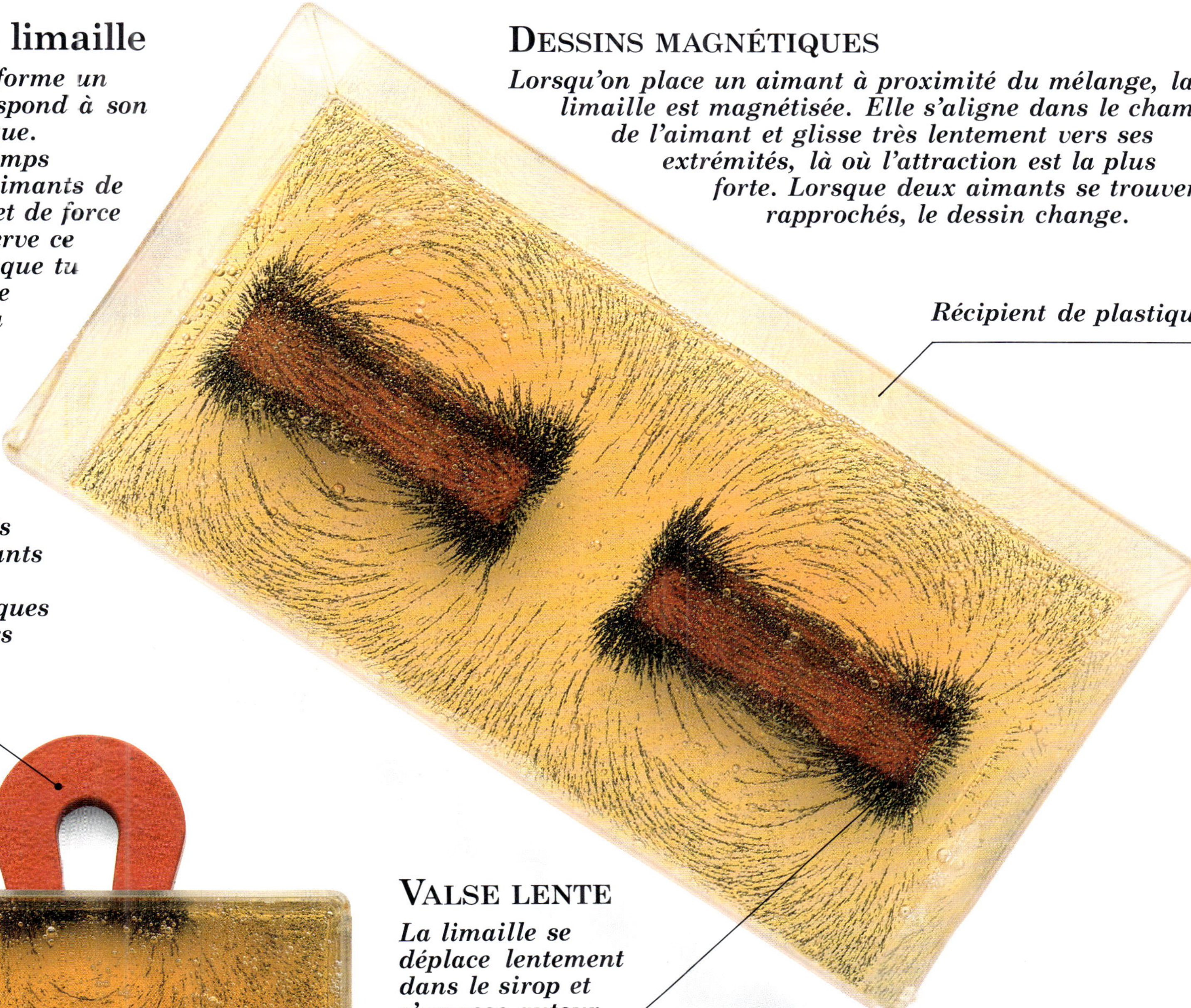

Récipient de plastique

Ces deux aimants sont assez puissants pour que leurs champs magnétiques agissent à travers les parois du récipient.

Aimant en fer à cheval

Valse lente

La limaille se déplace lentement dans le sirop et s'amasse autour des extrémités des aimants.

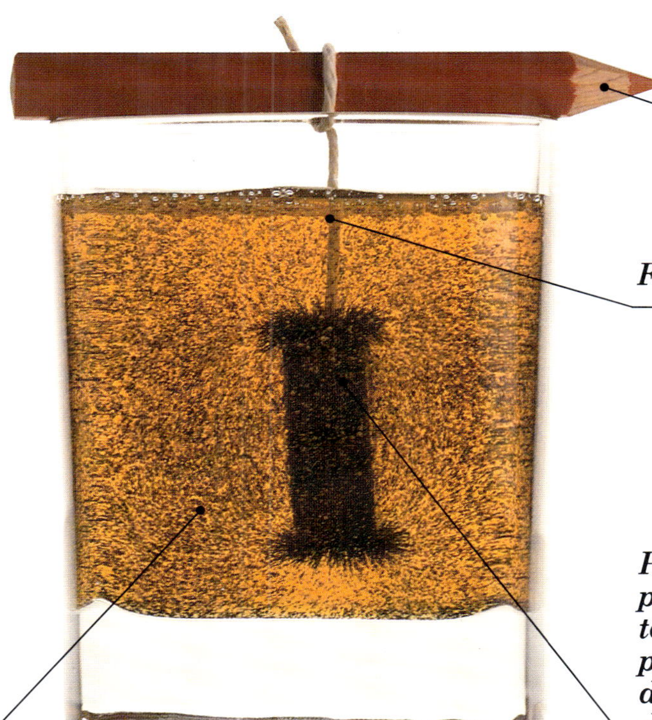

Crayon

Ficelle

Champ à 3 dimensions

Tourne le verre pour observer le champ magnétique entourant l'aimant.

Pour le garder propre, recouvre ton aimant de plastique avant de le plonger dans le sirop.

PÔLES SÉPARÉS

Chaque aimant à un pôle nord et un pôle sud, comme la Terre. C'est à ces deux extrémités que le magnétisme est le plus fort. Réalise ces expériences : tu comprendras pourquoi les aimants réagissent si curieusement quand on les rapproche.

Peinture à l'eau

Bouchon

MATÉRIEL

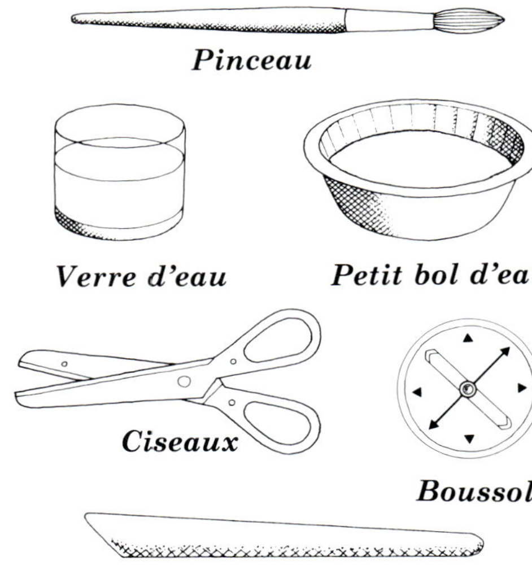

Baguettes en bois

Il te faut

Aiguille

Pâte à modeler colorée

Aimant en fer à cheval

Grands aimants droits

Aimants ronds

Nord ou sud ?

Lorsque l'aimant se stabilise au-dessus de la boussole*, l'extrémité tournée vers le nord correspond à son pôle nord.

Position des pôles

Rapproche les deux pôles nord ou les deux pôles sud de deux aimants. Rapproche un pôle nord et un pôle sud. Que se passe-t-il ?

Le lion

Coupe les baguettes peintes en deux. Pique-les dans la pâte à modeler autour d'un aimant droit. Modèle un lion, pose-le sur un autre aimant.

Le clown

Pique trois baguettes dans la pâte, et enfile des aimants ronds. Modèle un clown (il doit être creux) et pose-le sur le dernier aimant.

** N'approche pas trop l'aimant de la boussole, sinon l'aiguille s'affole.*

Une drôle de boussole !

1 Caresse 30 fois une aiguille de bas en haut avec le pôle sud d'un aimant. Fabrique une tortue en pâte à modeler.

2 Colle la tortue sur le bouchon creusé. Enfonce bien l'aiguille dans la queue de la tortue, à l'opposé de sa tête.

Boussole tortue

En caressant l'aiguille à l'aide de l'aimant, tu la magnétises. Flottant sur l'eau du bol, elle subit l'influence des champs magnétiques de la Terre. La tête de la tortue indique le nord, et sa queue, le sud.

Clown bondissant

Le clown rebondit sur le champ magnétique invisible des aimants.

Le corps du clown est creux. Il doit être suffisamment léger pour rebondir.

Les contraires s'attirent…

Le pôle nord d'un aimant et le pôle sud d'un autre s'attirent, les aimants se collent l'un à l'autre.

Les pôles semblables se repoussent

Si tu approches deux pôles nord ou deux pôles sud, ils se repoussent et « flottent » l'un au-dessus de l'autre.

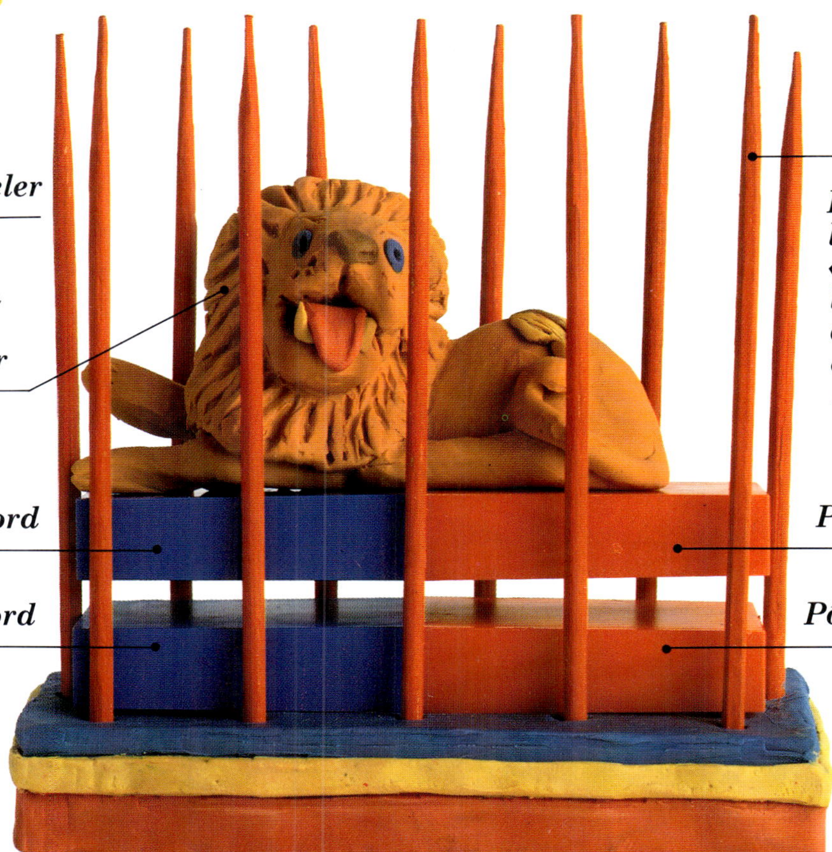

Lion en lévitation

Mets dans la cage l'aimant qui porte le lion, de façon que deux pôles semblables se trouvent face à face. Les deux aimants se repoussent et « flottent » l'un au-dessus de l'autre. Qu'arrive-t-il si tu retournes l'un des aimants ou si tu enlèves les barreaux de la cage ?

QUESTION DE CONTACT

Les piles te permettent de réaliser mille expériences. Si les deux pôles sont reliés et forment un circuit, l'électricité passe. Tu peux y brancher une ampoule et fabriquer un interrupteur pour l'allumer et l'éteindre à ta guise.

Il te faut

Fil électrique souple

1 pile de 4,5 volts

1 ampoule de 3,5 ou 4,5 volts

1 douille

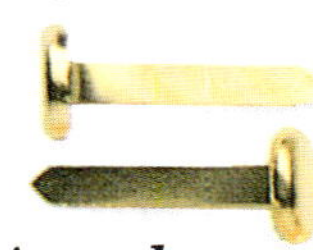

Attaches

Trombone métallique

Carton ondulé

Monter un circuit très simple

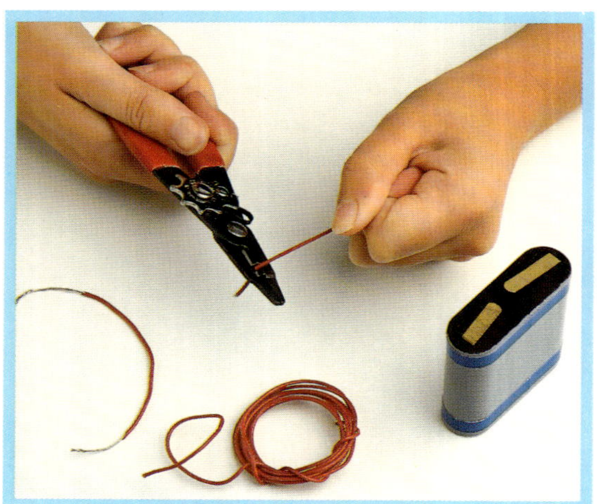

1 Coupe deux morceaux de fil et dénude leurs extrémités sur 2 cm. Entortille ensemble les deux brins métalliques du fil.

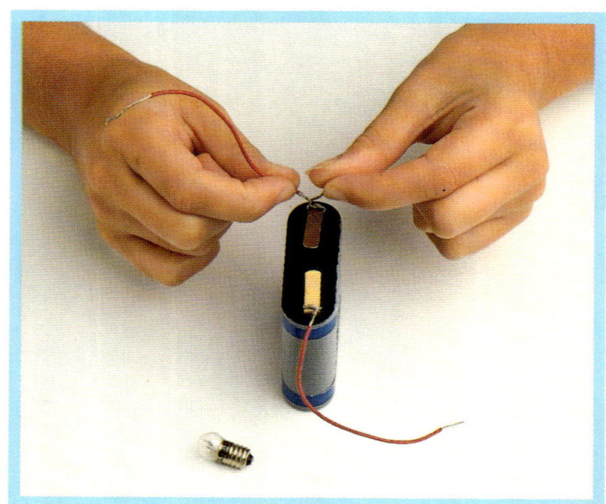

2 Entortille une extrémité sur chaque borne, en serrant bien. Le fil à nu doit toucher la borne.

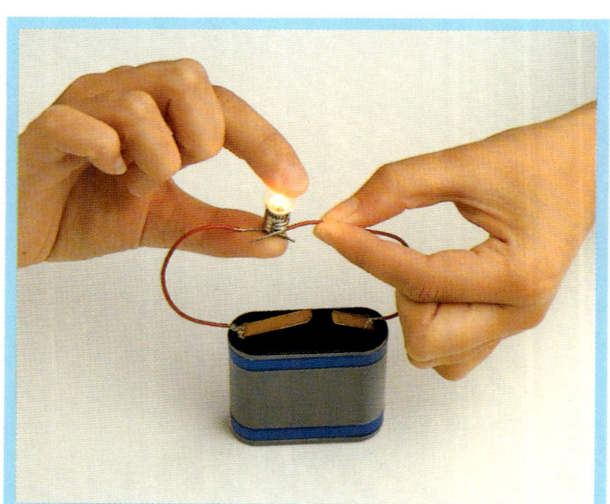

3 L'un des fils à nu doit toucher le dessous de l'ampoule, l'autre, le côté. Le circuit est complet, l'ampoule s'allume.

4 Visse l'ampoule sur la douille. Attache les fils aux vis et fixe-les avec un petit tournevis. L'ampoule s'allume toujours.

MATÉRIEL

Petit tournevis

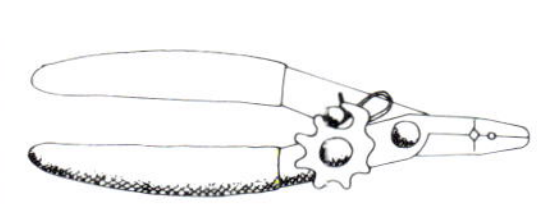

Pince à dénuder

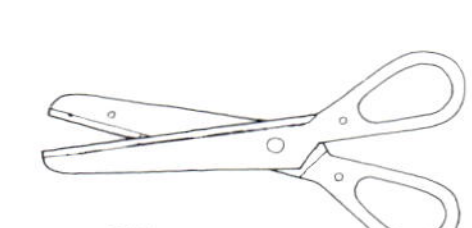

Ciseaux

L'interrupteur

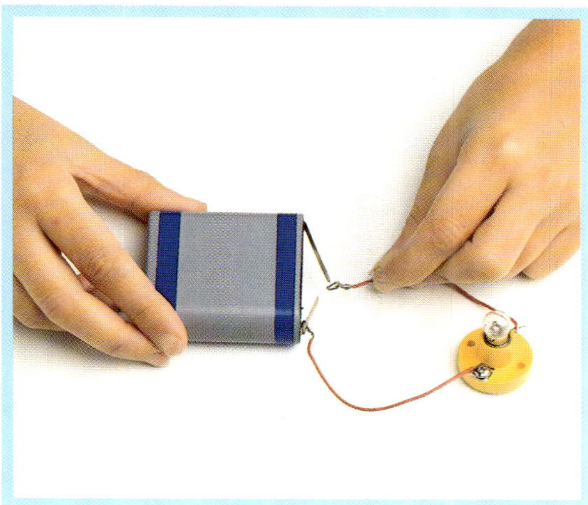

5 Détache l'un des fils de la pile. L'ampoule s'éteint, car le circuit n'est plus complet.

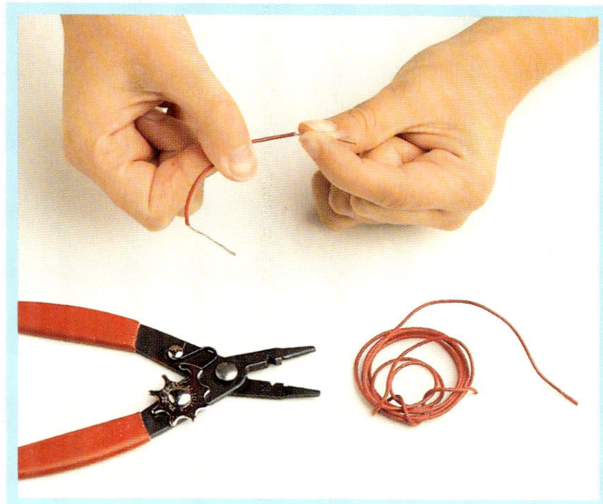

6 Coupe un autre morceau de fil, enlève le plastique à chaque bout et entortille les deux brins métalliques.

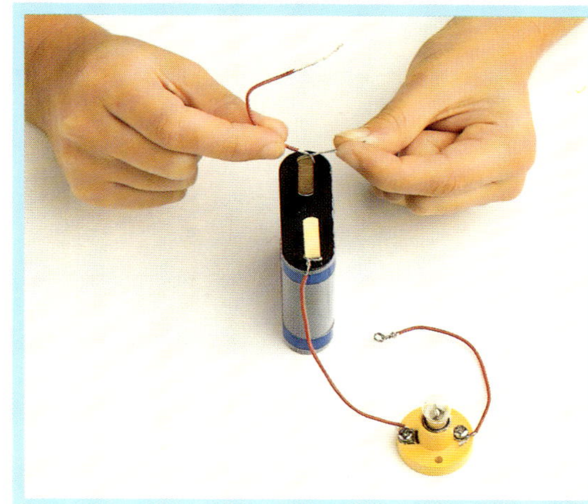

7 Fixe l'une des extrémités du fil au pôle déconnecté. L'autre extrémité sera reliée à l'interrupteur.

8 Coupe soigneusement dans le carton un rectangle de 3 cm sur 5 cm environ. Il servira de support à l'interrupteur.

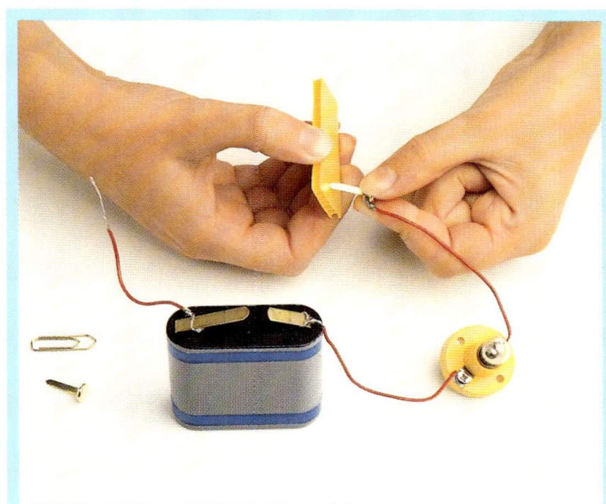

9 Accroche fermement l'extrémité du fil de l'ampoule autour d'une attache et plante celle-ci dans le carton.

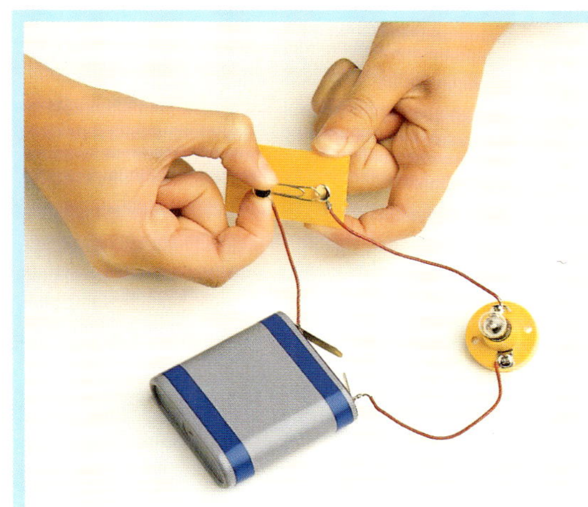

10 Répète l'opération avec l'extrémité de l'autre fil, mais cette fois-ci en fixant un trombone à l'attache.

Le circuit complet

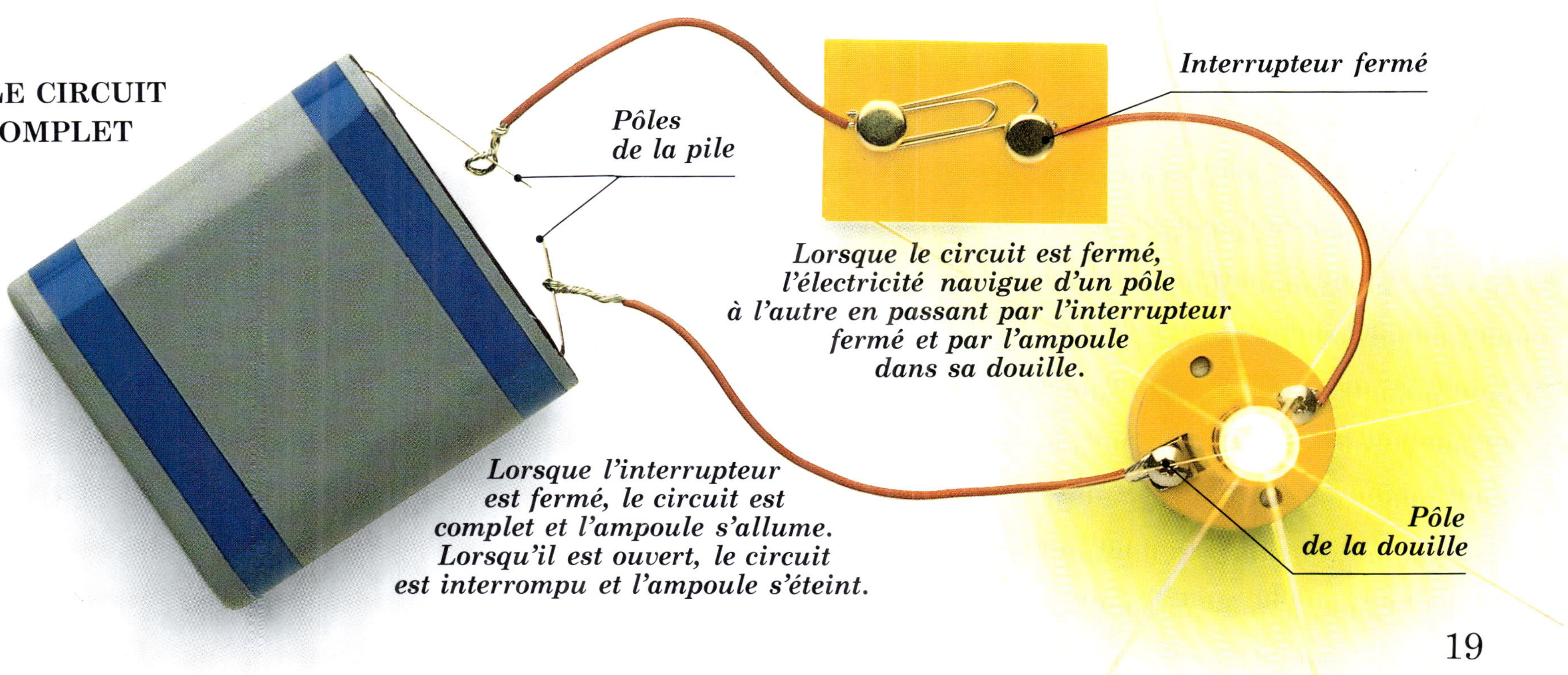

LA MAISON HANTÉE

Que dirais-tu d'une mystérieuse maison hantée, pleine de fantômes qui luisent dans le noir et d'araignées géantes et poilues ? Il ne te faut qu'un vieux carton et trois circuits simples. Regarde vite comment brancher les circuits et décorer la boîte. Ensuite, tourne la page : au douzième coup de minuit, les fantômes apparaissent !

Environ 1 mètre de fil électrique

3 ampoules de 1,5 volt, bien vissées à leurs douilles

Il te faut

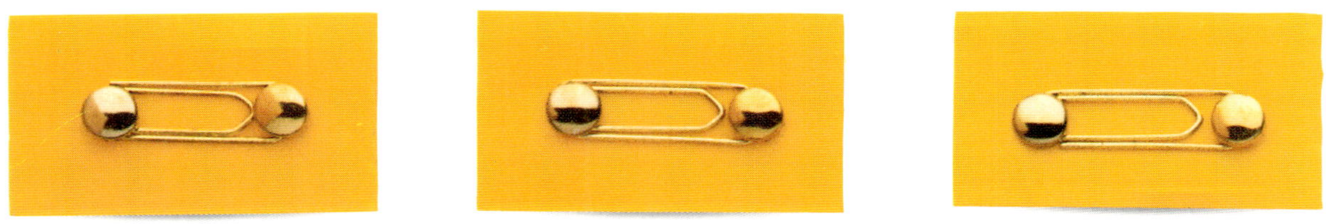

3 interrupteurs (voir page 19)

Grand carton

Ruban adhésif

3 piles de 1,5 volt

MATÉRIEL

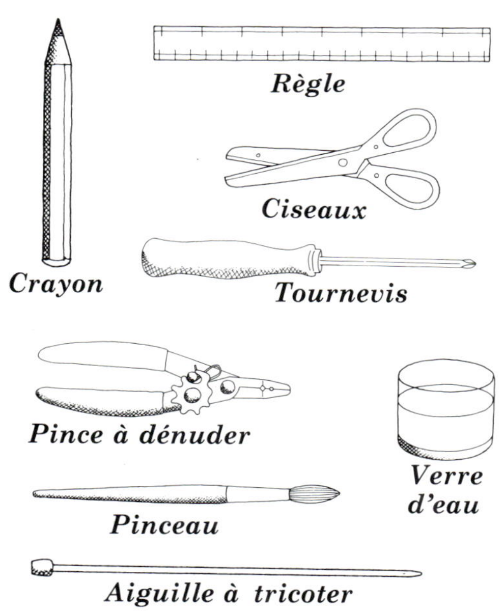

La maison

1 Replie les rabats du haut et scotche-les. Ferme le fond du carton et coupe les petits rabats*. Peins le carton.

2 Relie deux fils dénudés à chaque douille. Perce un trou dans le côté gauche de la boîte et dans chacun des coins du bas.

** Conserve l'un des petits rabats pour faire la cheminée (5).*

Le mobilier

Le feu

3 Passe les fils d'une douille dans chaque trou. Relie à chaque paire un interrupteur et une pile, pour former un circuit.

4 Dessine une cheminée, un portrait, deux chaises, une table et un escalier avec une porte. Découpe-les et colorie-les.

5 Peins les rabats que tu avais mis de côté. Découpe une ouverture en demi-lune, puis des flammes dans la Cellophane. Scotche-les derrière l'ouverture.

LES FANTÔMES

Installation

Colle la cheminée devant l'ampoule du coin gauche et l'escalier devant celle du coin droit. Colle les meubles.

Les araignées

Coupe deux cure-pipes. Enroule un cure-pipe noir autour des quatre moitiés ainsi formées. Écarte les pattes.

Les fantômes

Découpe les modèles de fantômes de la page 21 dans du carton de couleur. Dessine des yeux et une bouche aux deux petits fantômes.

Ta maison hantée

Quand les aiguilles de la pendule marquent minuit, les fantômes surgissent...

Petits spectres

Colle les petits fantômes au mur, ou suspends-les au plafond avec du fil sombre.

Vampire lumineux

Colle la douille au mur, puis fixe le grand fantôme devant pour la cacher totalement. Lorsque l'ampoule s'allume, la lugubre apparition se met à briller.

Colle l'interrupteur de chaque circuit sur les côtés de la boîte et ferme-le pour allumer les ampoules.

Les fils sont scotchés en haut et en bas de la pile.

Lorsque l'ampoule s'allume derrière la cheminée, les flammes en Cellophane paraissent plus vraies que nature !

PORTRAIT DE FAMILLE
Tu peux coller une petite photo de toi au lieu de dessiner un portrait.

TERRIFIANTES TARENTULES
Colle les araignées sur la boîte et dispose leurs pattes comme si elles couraient.

LUGUBRE À SOUHAIT
Les murs, le plafond et le sol sont peints en violet pour donner à la pièce un aspect sombre et sinistre.

PLACARD DE L'HORREUR
Colle un petit fantôme derrière l'une des portes, comme s'il s'échappait du placard sous l'escalier.

Cet interrupteur contrôle l'ampoule cachée derrière les portes du placard.

Fixe bien la table et les chaises au sol avec du ruban adhésif sombre.

Ouvre les portes du placard sous l'escalier pour laisser filtrer une lumière irréelle.

ÇA ROULE !

Environ 1 mètre de fil électrique

Sais-tu que les lumières d'une voiture sont alimentées par une batterie ? Les phares sont montés « en série » (ampoules branchées sur le même circuit), les clignotants « en parallèle » (deux circuits séparés branchés sur la même batterie). Découvre vite comment réaliser une superbe voiture avec phares et clignotants.

Il te faut

3 interrupteurs (voir page 19)

Colle

4 baguettes de bois

3 piles de 1,5 volt

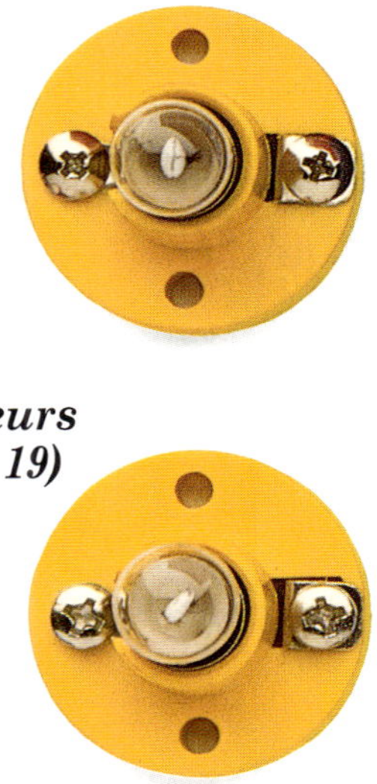

4 ampoules de 1,5 volt sur leurs douilles

Boîte à œufs

MATÉRIEL

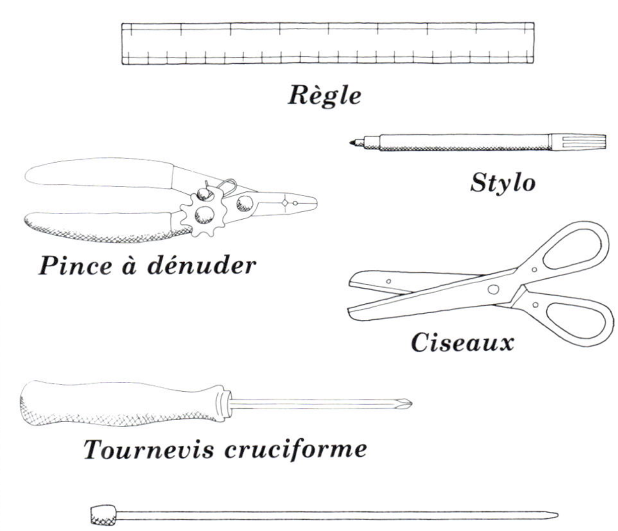

Règle

Stylo

Pince à dénuder

Ciseaux

Tournevis cruciforme

Aiguille à tricoter

L'habitacle de la voiture

1 Découpe la boîte selon les pointillés. Les deux côtés doivent être égaux*. Plie le rabat arrière et scotche-le.

2 Découpe le couvercle de la boîte pour le toit. Rabats la partie découpée pour faire le pare-brise et scotche-la**.

3 Enfonce une roue sur chaque baguette. Perce deux trous à l'arrière de la voiture, deux autres sous le pare-brise.

4 Perce deux trous à l'avant, suffisamment larges pour y passer une ampoule. Puis fais-en deux autres sur les côtés.

5 Passe les baguettes dans les trous et fixe les roues. Décore ta voiture avec des papiers multicolores.

6 Découpe deux alvéoles d'une boîte à œufs. Tapisse-les avec du papier d'aluminium. Perce un large trou au centre et colle-les devant les trous des phares.

** Demande à une grande personne de t'aider.*

*** La partie du couvercle inutilisée deviendra le capot.*

ALLUME LES PHARES !

Phares

Clignotants

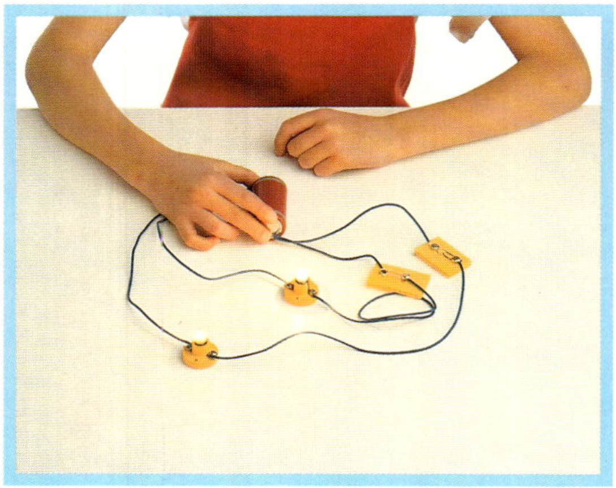

1 Monte deux ampoules « en série ». Les phares brillent peu parce qu'ils sont branchés sur la même pile.

2 Mets en contact les bases opposées des deux piles. Reforme le circuit. Les phares sont plus lumineux.

3 Relie deux circuits différents (chacun avec son ampoule et son interrupteur) à une pile. Les ampoules brillent plus.

Signaux

Les phares sont montés en série parce qu'ils doivent s'allumer en même temps. Les clignotants, eux, s'utilisent séparément et sont montés « en parallèle », sur des interrupteurs séparés.

Découpe un numéro en papier et colle-le sur le toit, les côtés et le capot de ta voiture.

PLEINS PHARES

Le papier d'aluminium qui tapisse les phares réfléchit la lumière des ampoules. Les phares paraissent ainsi plus lumineux.

L'installation des lumières

1 Installe le circuit des phares dans la voiture. Colle l'interrupteur à l'arrière. Pousse les ampoules par le trou des alvéoles.

2 Découpe deux ronds de carton. Recouvre-les d'aluminium et perce-les. Colle-les devant les trous des côtés de la voiture. Glisse les clignotants dans les trous.

3 Mets en place les circuits. Colle l'interrupteur du clignotant de gauche à gauche de la voiture, et fais de même pour celui de droite.

Pare-brise et vitres en papier noir

DÉCOR DE FORMULE 1

Colle un damier jaune et rouge sur le toit, le capot et les côtés.

Les circuits sont camouflés sous le toit et le capot.

TOURNE À GAUCHE !

Le papier d'aluminium réfléchit la lumière des clignotants et les rend plus visibles.

CACHE-MOYEU

Des ronds de carton de couleur recouvrent les essieux.

TÊTE CHERCHEUSE

L'électricité a besoin de matériaux « conducteurs ». Le plastique n'en est pas un, il faut donc dénuder le fil électrique pour faire un branchement. Ce mille-pattes t'aidera à détecter les matériaux conducteurs ou non.

Il te faut

2 piles de 1,5 volt

Paillettes

3 cure-pipes

1 douille

1 pile de 4,5 volts

1 ampoule de 3,5 volts

2 ampoules de 2,5 volts

Fil électrique

Carton et papier de couleur

Papier d'aluminium

MATÉRIEL

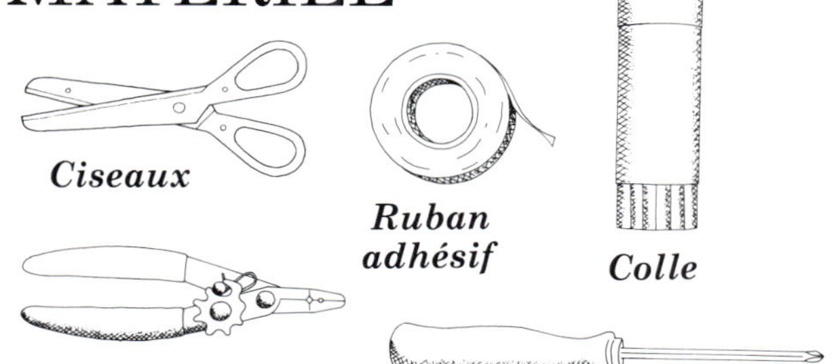

Mille-pattes

1 Scotche deux piles haut contre bas, en les séparant par un carré de papier d'aluminium.

3 Visse l'ampoule de 3,5 volts à la douille. Branche les fils de 12 et 8 cm sur celle-ci. Colle le segment de 8 cm en haut de la pile.

Punaise souriante

1 Décore une pile de 4,5 volts. Coupe deux morceaux de fil, dénude leurs extrémités et attache-les à chaque borne.

2 Coupe et dénude trois morceaux de fil électrique, un de 25 cm, un de 12 cm et un de 8 cm. Branche celui de 25 cm au bas de la pile.

4 Scotche la douille sur les piles. Enroule-les dans du papier de couleur. Les deux bouts du fil deviennent des antennes. Fixe des boules de papier d'aluminium aux extrémités.

2 Enroule-les autour d'un tournevis. Attache à chaque extrémité une ampoule de 2,5 volts.

À toutes pattes

Décore ton mille-pattes avec des pastilles de papier et de carton de couleur.

Colle des cure-pipes en guise de pattes.

Paillettes de couleur collées sur deux morceaux de carton ovales.

Au bout des antennes, fixe des boulettes de papier d'aluminium.

Le papier d'aluminium est conducteur.

Insectes détecteurs

Touche les objets qui t'entourent avec les ampoules de la punaise ou les antennes du mille-pattes. S'ils sont conducteurs, les ampoules s'allument.

Tout sourire

Pose la partie postérieure des ampoules sur l'objet à tester.

Les yeux en papier de couleur et paillettes.

Que se passe-t-il ?

Lorsque les deux antennes se touchent, ou touchent un matériau conducteur, le circuit est complet et les ampoules s'allument. Si les antennes touchent un matériau non conducteur, le circuit est coupé et l'ampoule s'éteint.

FABRIQUE TES PILES

Rien de plus facile que de fabriquer tes propres piles, avec des pièces de monnaie, des mouchoirs en papier, un citron et du papier d'aluminium. Elles fonctionnent avec des ampoules spéciales, les LEDs. Suis bien les instructions, il est important de les brancher correctement.

Il te faut

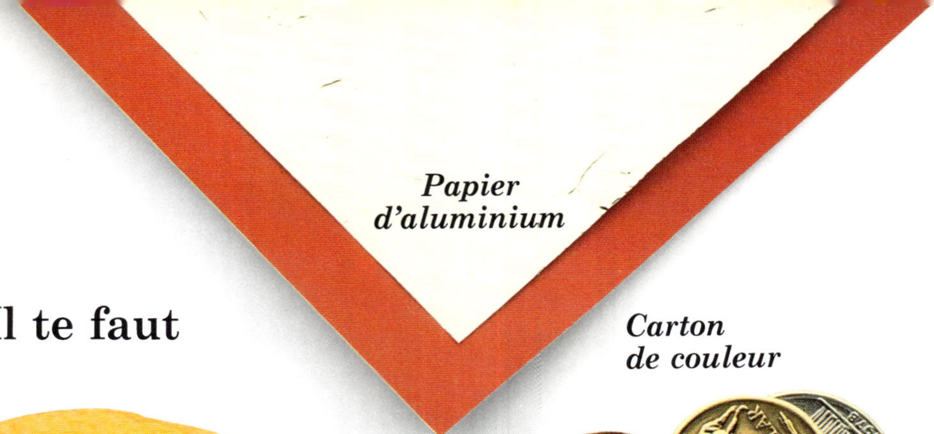

Papier d'aluminium

Carton de couleur

Citron

Pièces de monnaie

Mouchoirs en papier

Fil électrique

Ruban adhésif

MATÉRIEL

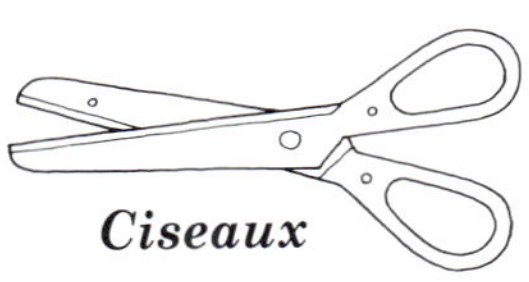

Ciseaux

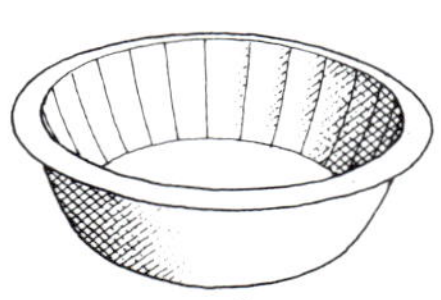

Bol

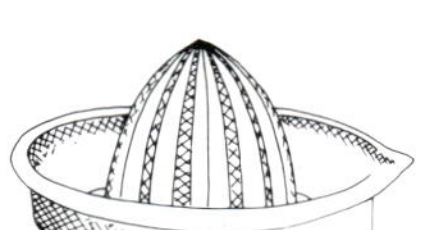

Presse-citron

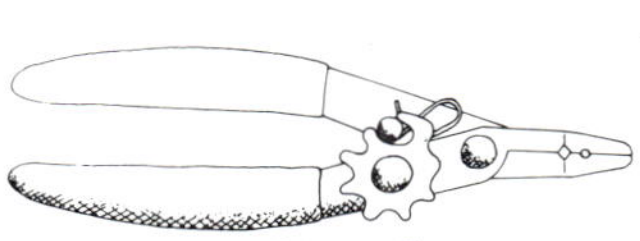

Pince à dénuder

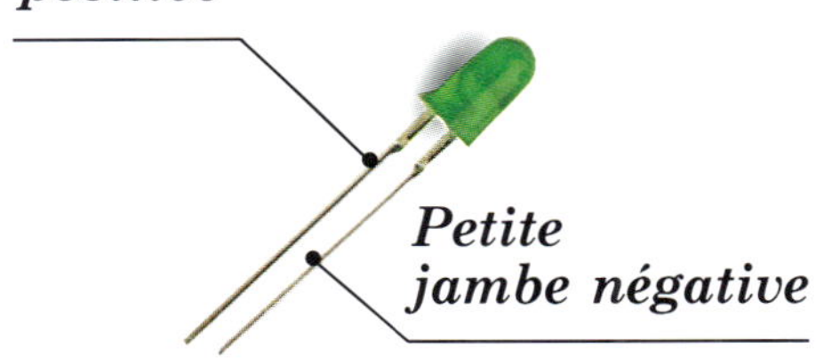

1 LED

Branche la diode

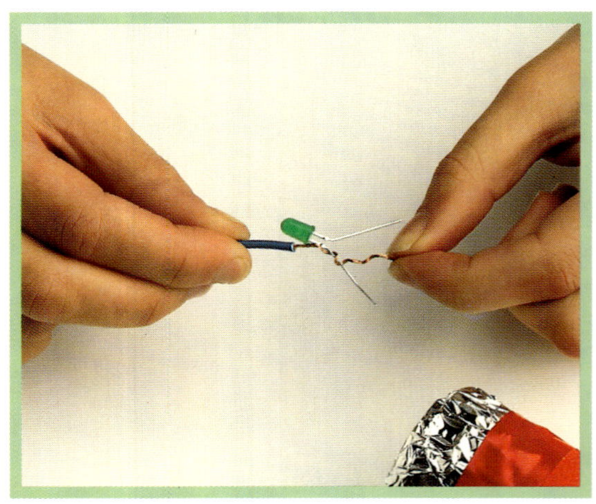

Écarte délicatement ses jambes. Entortille l'extrémité dénudée d'un fil autour de chaque jambe.

Comment faire ?

1 Forme un tube avec le carton, recouvre-le à un bout avec du papier d'aluminium. Colle-le bien. Dénude un morceau de fil et scotche l'une de ses extrémités au papier d'aluminium.

2 Trempe les mouchoirs dans le jus du citron. Alterne mouchoir, monnaie et papier d'aluminium.

Termine le circuit

3 Colle une pièce de monnaie sur le bout dénudé d'un fil. Pose les deux bouts de fil sur ta langue.

Ci-dessous, tu vois l'intérieur de ta pile, avec ses couches successives. À droite, la pile fonctionne et fait briller la LED.

L'INTÉRIEUR DE LA PILE

La pile se compose de couches successives : un mouchoir en papier trempé dans le jus de citron, une pièce de monnaie, un morceau de papier d'aluminium.

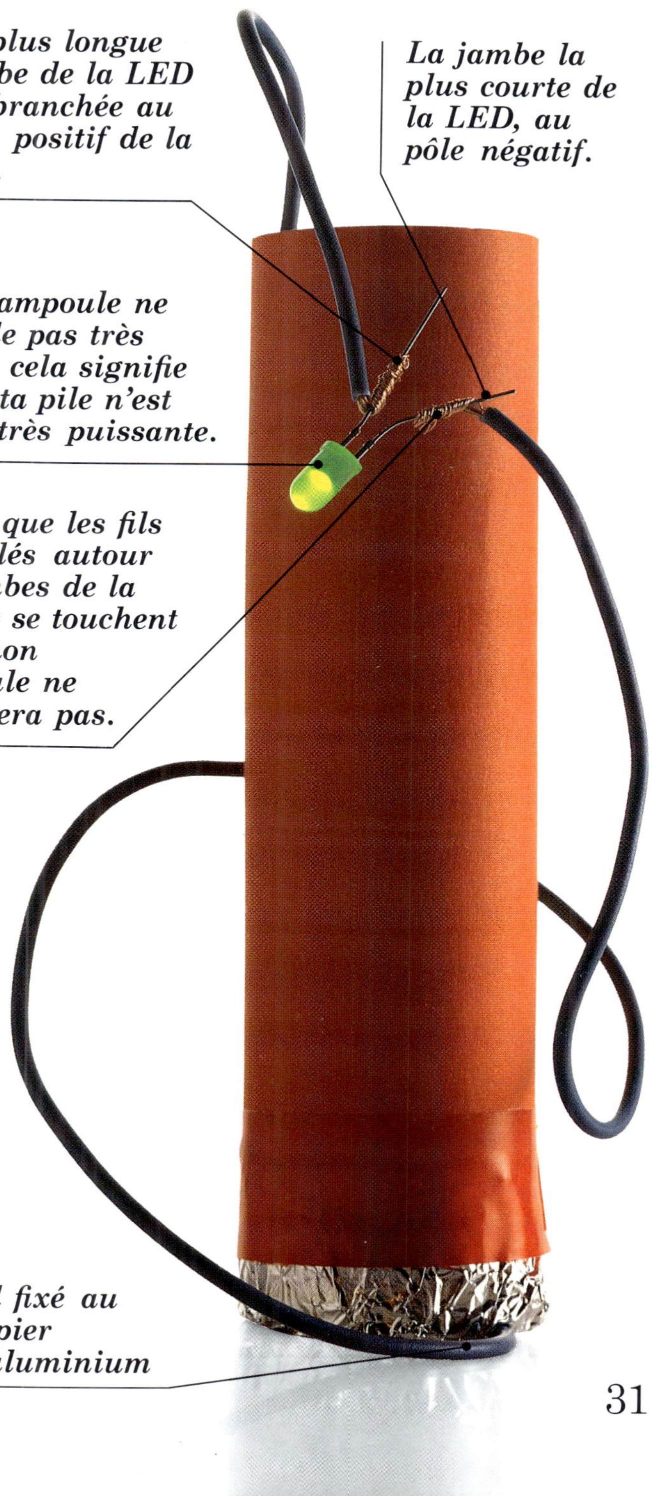

MASQUE DE ROBOT

Fabrique un masque qui brillera dans l'obscurité. Pour que les petites ampoules rouges des LEDs s'allument, la jambe la plus courte doit être branchée sur le pôle négatif (−) et la jambe la plus longue sur le pôle positif (+). Les fils doivent être suffisamment longs pour que tu puisses cacher l'interrupteur et les piles dans ta poche.

Il te faut

1,5 mètre de fil électrique

Papier brillant de couleur et carton blanc

Papier noir

Papier d'aluminium

MATÉRIEL

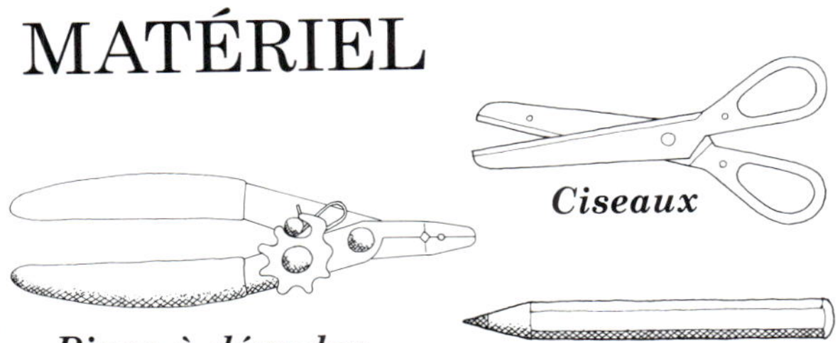

Ficelle ou élastique

Ruban adhésif

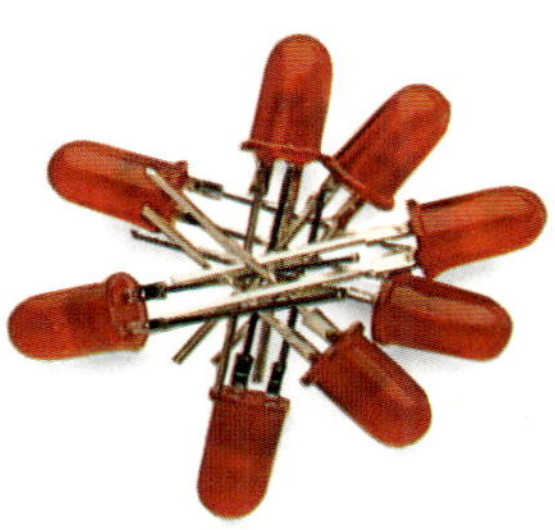

8 LEDs

Écrous et rondelles

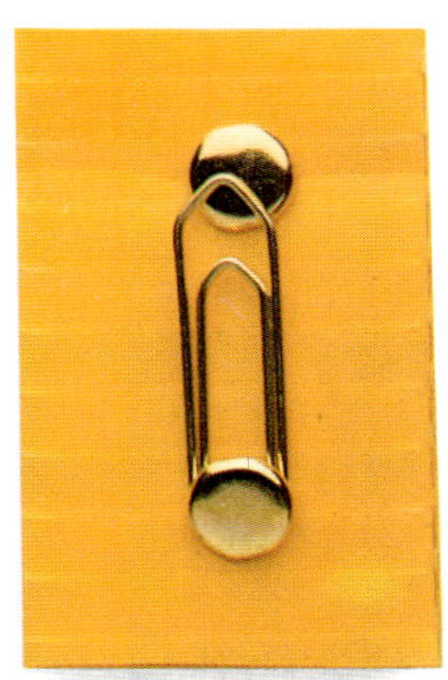

1 interrupteur *(voir p. 19)*

2 piles de 9 volts

Colle

Fabrique ton masque

1 Découpe et colle un masque sur du carton blanc. Fais trois fentes pour les yeux et pour les ampoules, et des trous pour la ficelle.

2 Décore ton masque. Passe un morceau de ficelle dans chaque trou et fais un nœud à chaque bout.

3 Colle une bande de papier noir sur une bande de carton pour recouvrir la fente des ampoules. Perce huit trous et enfonce les ampoules.

Branchement des LEDs

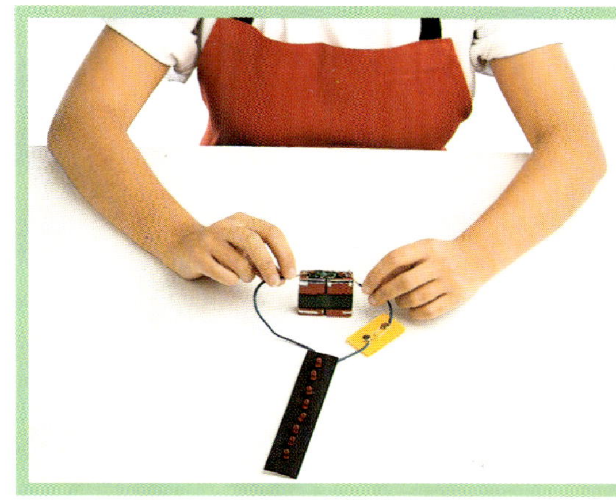

4 Écarte les jambes des LEDs*. Recouvre de papier d'aluminium la jambe la plus longue d'une LED et la plus courte d'une autre. Scotche-les**.

5 Recouvre les piles collées l'une à l'autre, pôle (+) contre pôle (−), de papier d'aluminium et fixe-les avec du ruban adhésif.

6 Branche interrupteur, piles et LEDs. Dans quel sens les LEDs fonctionnent-elles ? Scotche la bande qui les porte.

Ton masque

Fais-toi aider pour ajuster la ficelle ou l'élastique derrière ta tête, le masque doit bien tenir. Les fils électriques doivent être assez longs pour te permettre de cacher l'interrupteur et les piles dans ta poche.

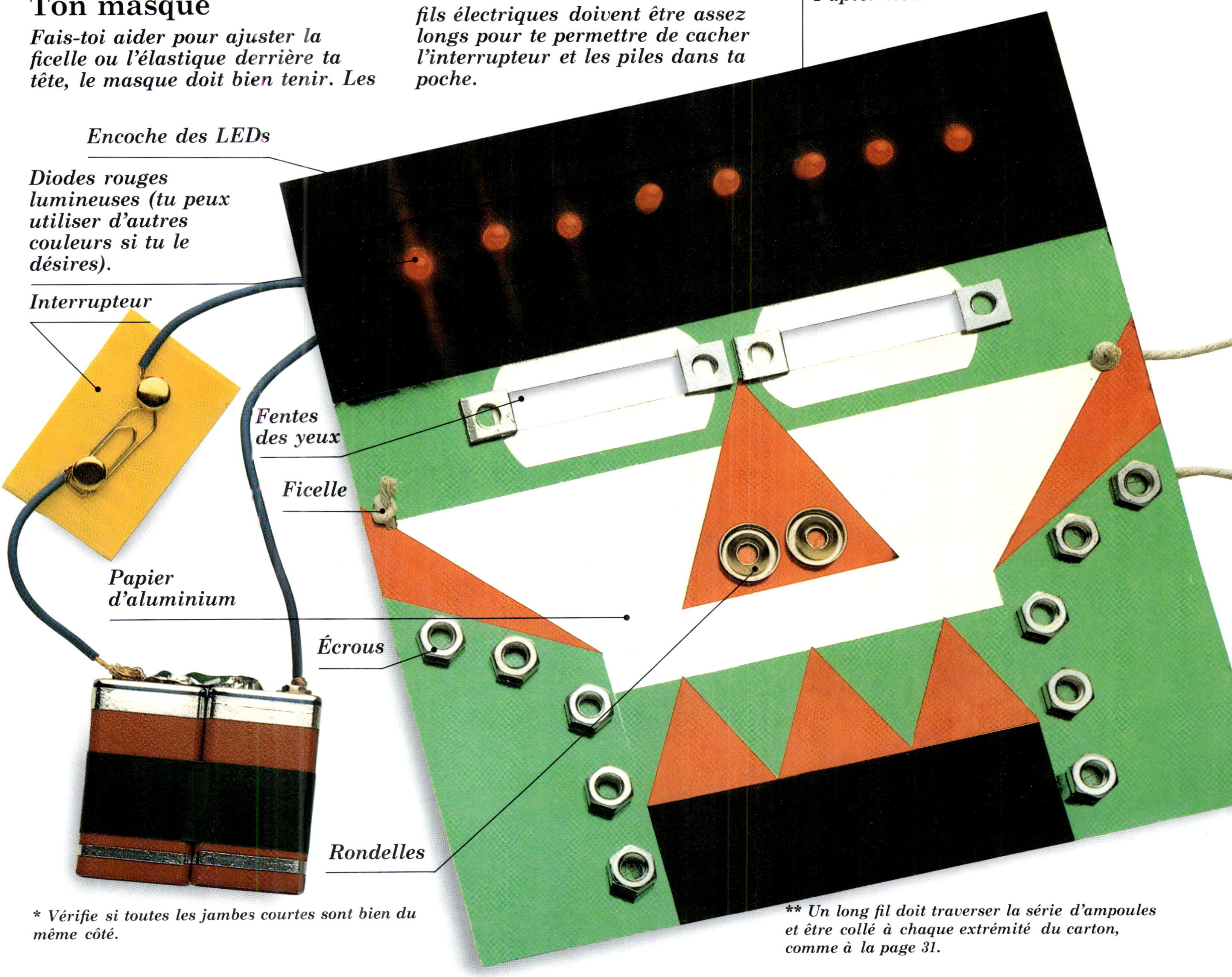

** Vérifie si toutes les jambes courtes sont bien du même côté.*

*** Un long fil doit traverser la série d'ampoules et être collé à chaque extrémité du carton, comme à la page 31.*

MOTEUR !

L'électricité ne sert pas uniquement à faire fonctionner des ampoules ! Un moteur électrique branché sur pile peut animer des objets. Ainsi tu peux faire marcher un ventilateur bariolé ou faire tourner un manège.

Coton-Tige

Cure-pipes

4 bobines de fil vides

Il te faut

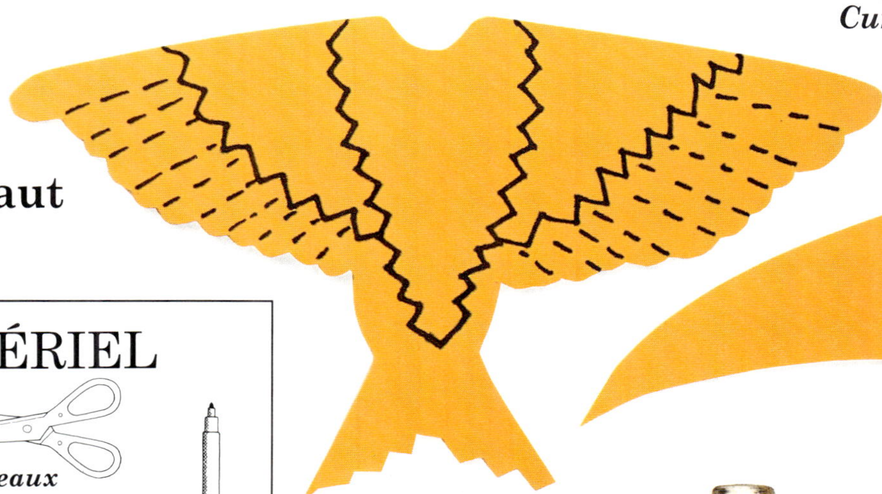

Modèle de vautour

Modèle d'hirondelle

Modèle pour les ailes du ventilateur

MATÉRIEL

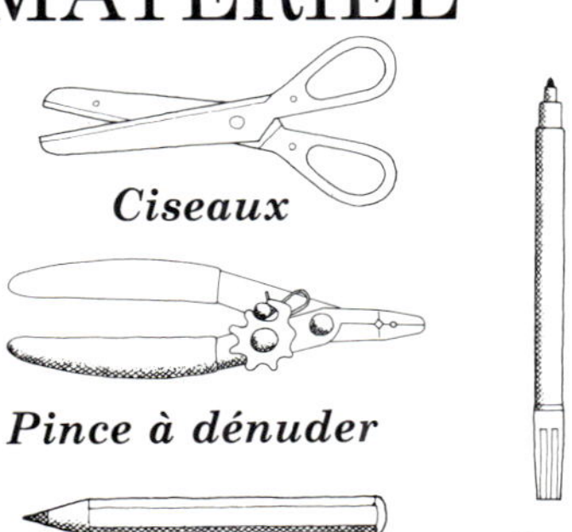

Ciseaux

Pince à dénuder

Crayon

Stylo-feutre

Bornes du moteur

Axe

Moteur électrique de 1,5 à 4 volts

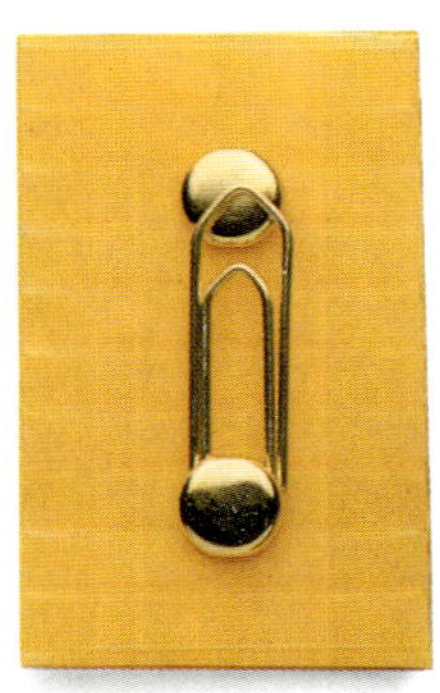

Interrupteur (voir page 19)

1 pile de 1,5 volt

Branche le moteur

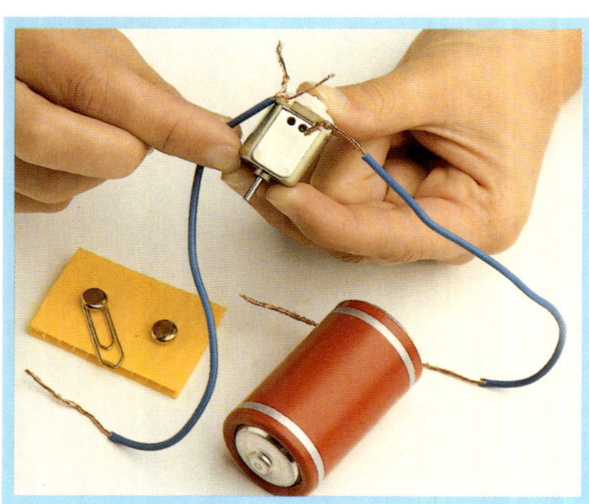

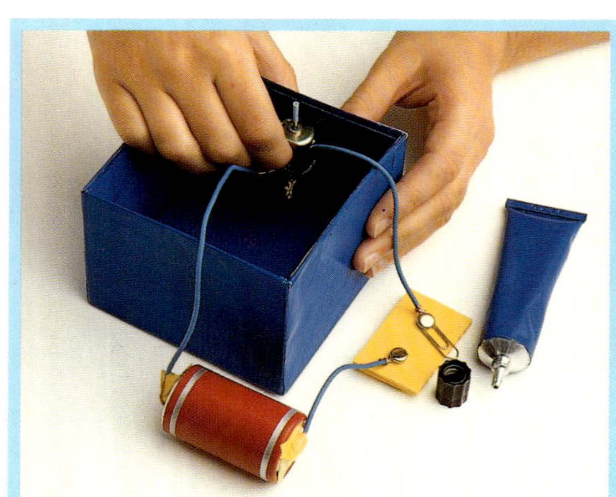

1 Branche un fil dénudé sur chaque borne du moteur*. Coupe un petit morceau de Coton-Tige. Enfonce-le sur l'axe.

2 Branche le moteur sur un circuit. Colle le moteur à la boîte. Le sommet de l'axe doit être au même niveau que le rebord de la boîte.

3 Enroule une bande de papier sur l'aiguille à tricoter. Ajuste le tuyau ainsi formé au centre de l'une des bobines de fil.

** Divise en deux l'extrémité du fil, passe l'une dans la borne puis entortille-la à l'autre extrémité.*

Fabrique ton manège

4 Fixe les trois autres bobines sur l'aiguille avec de la pâte. Colle la bobine munie du tuyau en papier au fond de la boîte.

5 Passe le grand élastique autour de la boîte et le petit autour de la troisième bobine en partant du haut.

6 Pour chaque oiseau, tu dois utiliser 3 cure-pipes : pour le corps et la tête, et pour chaque aile. Incline la tête des vautours.

7 Dans du feutre, découpe les modèles de vautour et d'hirondelle. Colle-les ensuite sur les six corps en cure-pipes.

8 Scotche un cure-pipe à chaque oiseau, puis les oiseaux aux bobines du haut. Pique l'aiguille dans la bobine au fond de la boîte.

9 Découpe un anneau de carton, colle-le sur la bobine du haut. Mets le petit élastique autour de l'axe. Moteur et bobine doivent être à la même hauteur**.

*** Bouge légèrement la bobine s'il le faut.*

UN PEU D'AIR

Le ventilateur

1 Découpe une hélice de ventilateur en carton (modèle page 34). Décore-la avec du papier de couleur. Perce un trou au centre avec un crayon.

2 Raccorde en circuit l'interrupteur, le moteur et la pile. Coupe un segment de Coton-Tige et enfonce-le sur l'axe du moteur.

3 Enfonce l'hélice sur l'axe. Fixe-la avec de la pâte à modeler. Recourbe les pales de l'hélice.

TOURNE MANÈGE !

Ton manège est maintenant presque prêt à tourner ! Mets la pile dans un coin, à l'intérieur de la boîte. Puis colle l'interrupteur à l'extérieur pour pouvoir l'actionner facilement.

ÇA TOURNE !

Lorsque le moteur marche, l'axe se met à tourner très vite. Il entraîne le petit élastique, qui entraîne à son tour l'aiguille à tricoter et c'est ainsi que ton manège tourne.

Rafraîchissant

Les pales recourbées du ventilateur poussent l'air en tournant. C'est délicieux !

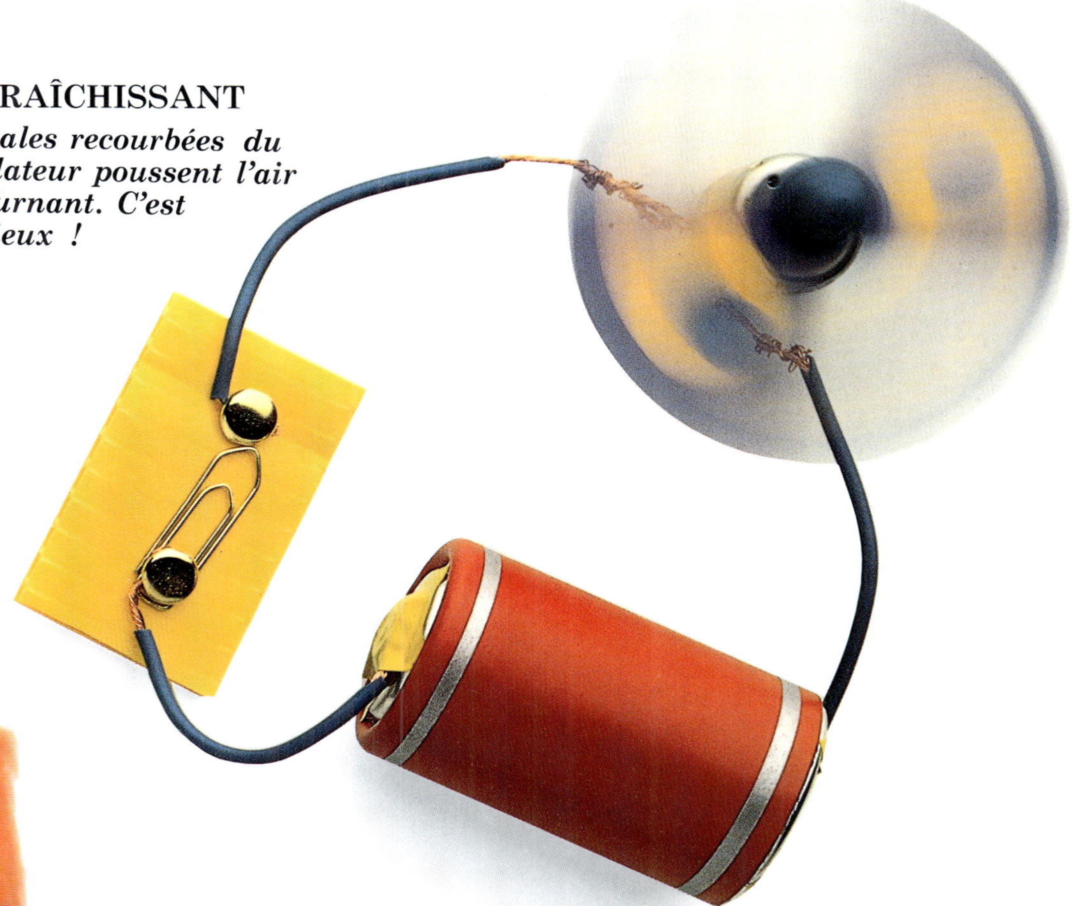

Vautour bleu et rose

Grand élastique

Bien droit !

Le grand élastique, qui entoure la boîte, sert à tenir l'aiguille à tricoter verticale. Il doit être bien en place, sinon le petit élastique risque de sauter.

Drôle de ventilateur

Tu peux faire toutes sortes d'expériences avec ton ventilateur. Que se passe-t-il si tu branches la pile en sens inverse ? Essaie de recourber l'hélice dans l'autre sens. Déplace-t-elle toujours autant d'air ?

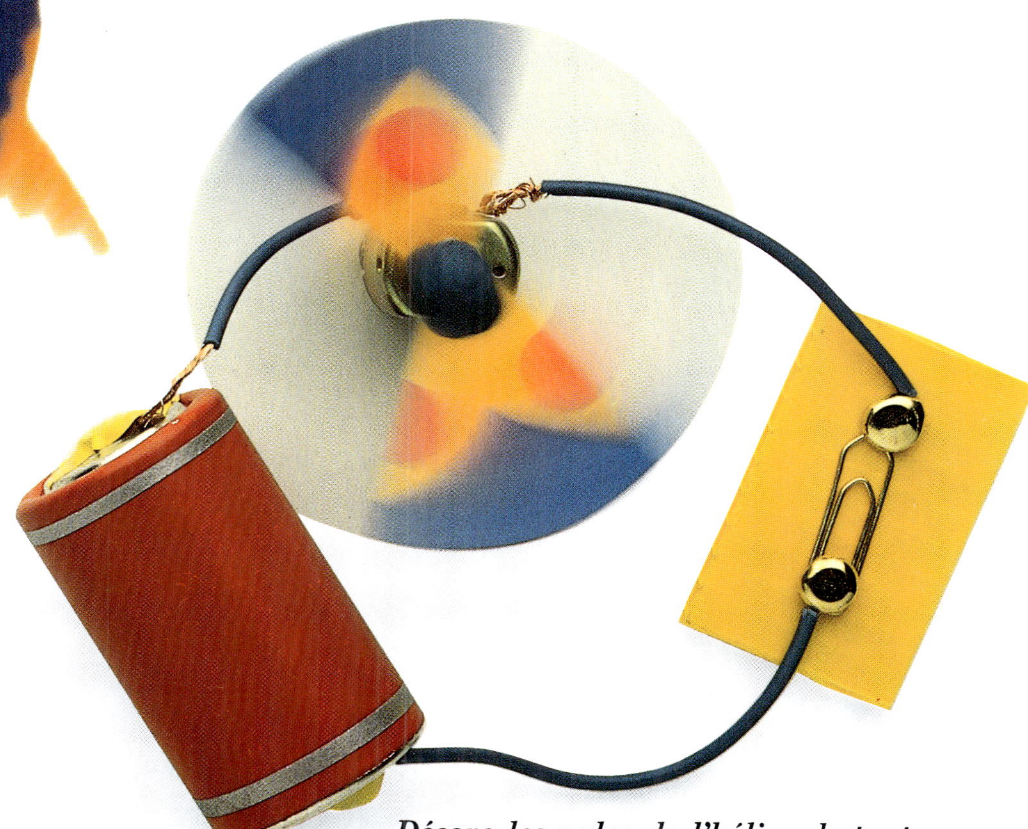

Décore les pales de l'hélice de toutes les façons possibles et observe comment les motifs changent quand le ventilateur tourne.

ÉLECTROAIMANTS

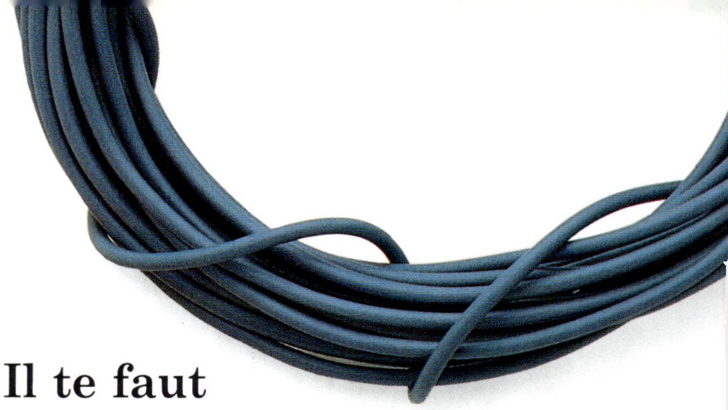

Sais-tu que l'électricité peut aussi te permettre de fabriquer des aimants, appelés « électroaimants » ? Leur magnétisme à eux dépend d'un interrupteur ! Il ne te faut qu'une pile, du fil électrique, un tournevis et un interrupteur. Tant mieux si le tournevis est en fer, mais, en acier, il fera aussi l'affaire.

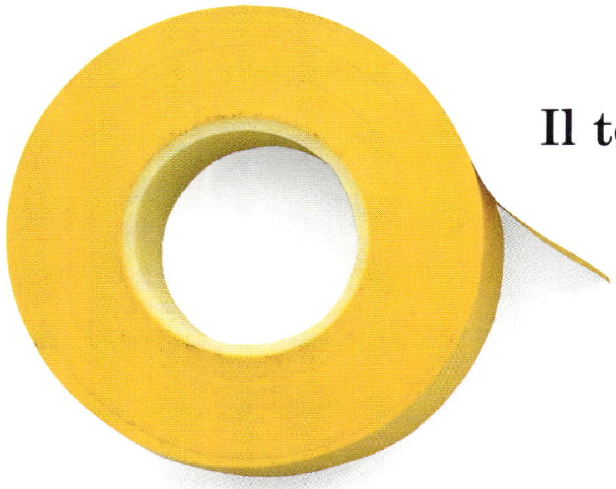

Ruban adhésif

Il te faut

Environ 2 mètres de fil électrique

MATÉRIEL

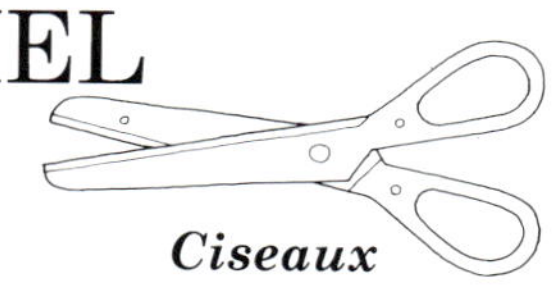

Ciseaux

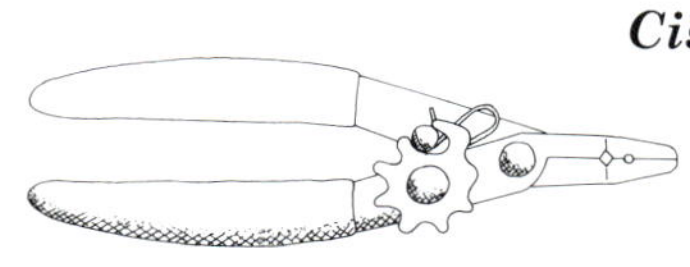

Pince à dénuder

1 interrupteur (voir page 19)

1 pile de 4,5 volts

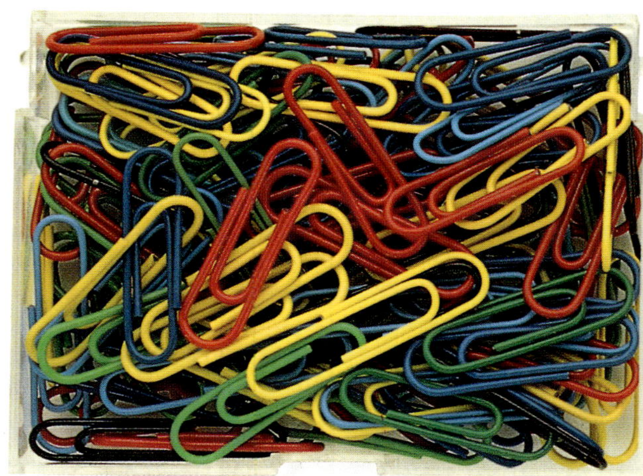

Beaucoup de trombones

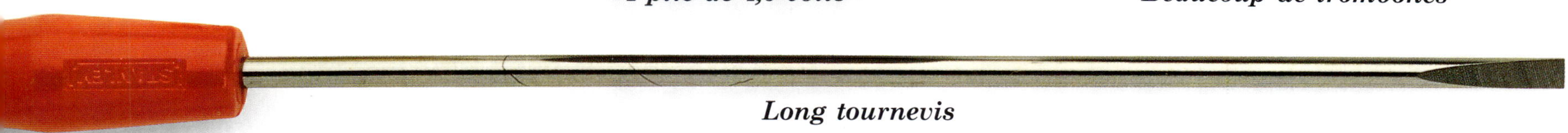

Long tournevis

Comment faire ?

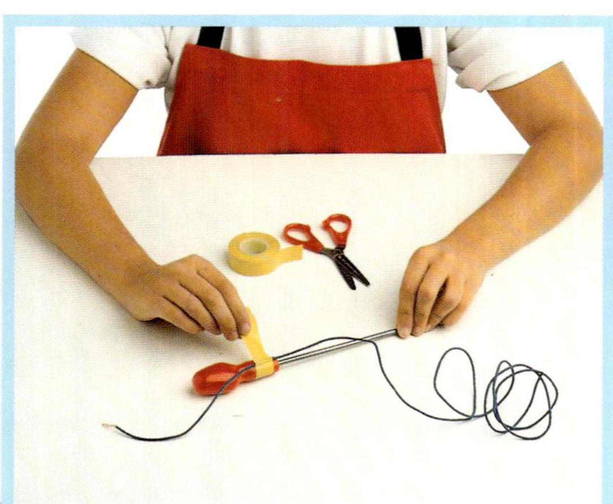

1 Dénude les extrémités d'un long segment de fil. Scotche l'un des bouts sur le manche du tournevis et laisse l'autre libre.

2 Enroule fermement le fil autour du tournevis. Fais 20, 40 ou 60 tours. Scotche bien le dernier tour au tournevis.

3 Monte en circuit l'interrupteur, la pile et le tournevis. Combien de trombones chaque aimant attire-t-il ?

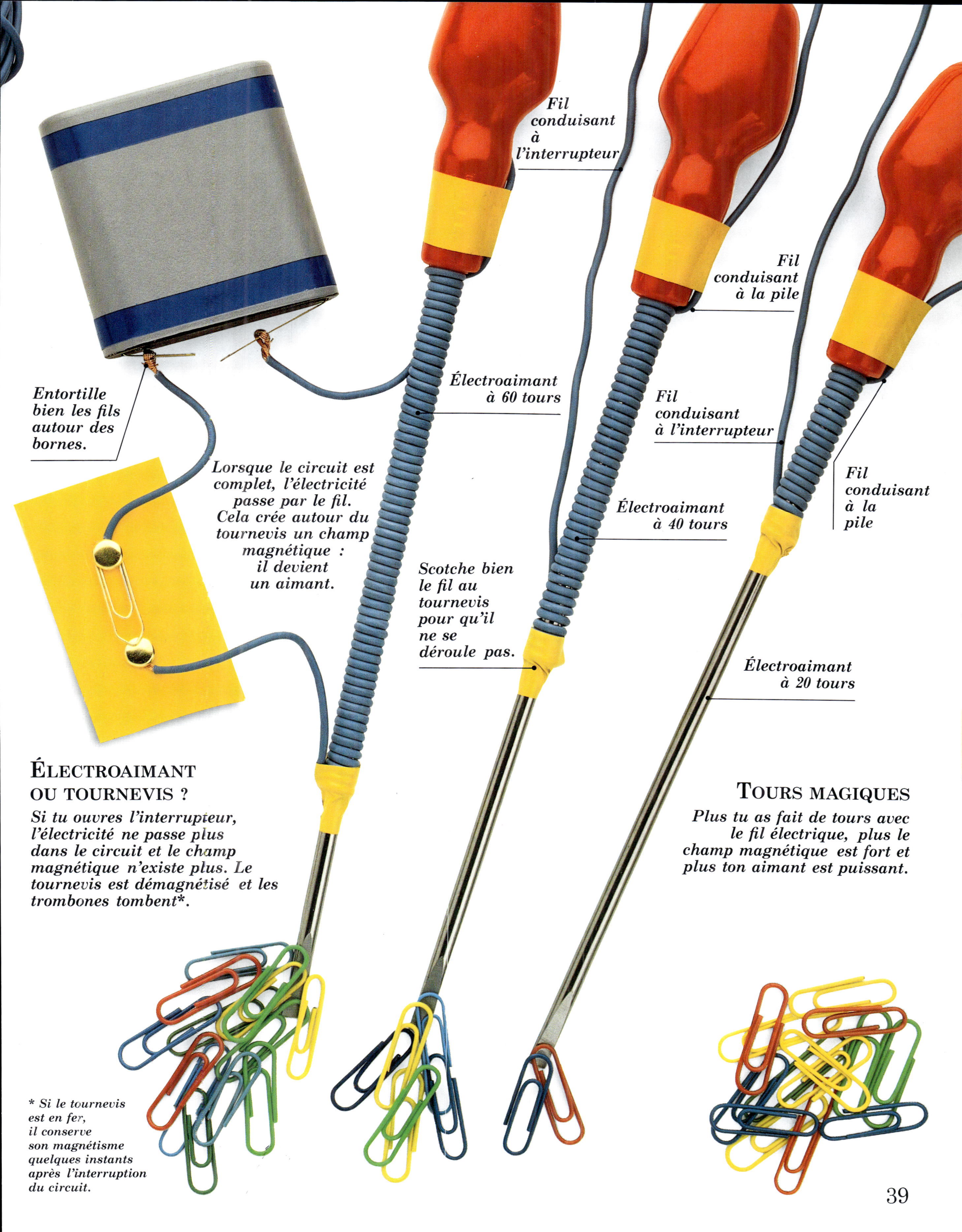

Lorsque le circuit est complet, l'électricité passe par le fil. Cela crée autour du tournevis un champ magnétique : il devient un aimant.

ÉLECTROAIMANT OU TOURNEVIS ?

Si tu ouvres l'interrupteur, l'électricité ne passe plus dans le circuit et le champ magnétique n'existe plus. Le tournevis est démagnétisé et les trombones tombent*.

TOURS MAGIQUES

Plus tu as fait de tours avec le fil électrique, plus le champ magnétique est fort et plus ton aimant est puissant.

** Si le tournevis est en fer, il conserve son magnétisme quelques instants après l'interruption du circuit.*

ÇA BOURDONNE !

Après l'électroaimant, le vibrateur. L'électricité ne peut passer ni par le manche de la lime ni par les parties peintes d'une canette métallique. Les fils doivent donc ne toucher que le métal. À chaque étape, vérifie sur la photo si chaque élément est bien en place.

Il te faut

1 pile de 4,5 volts

1 canette métallique

1 lime à ongles en acier

Carton ondulé

1 interrupteur (voir page 19)

Pâte à modeler

1 bobine de fil

1 élastique

Fil électrique (3 mètres au moins)

Ruban adhésif

1 boulon en fer ou en acier

MATÉRIEL

Ciseaux

Pince à dénuder

Le vibrateur

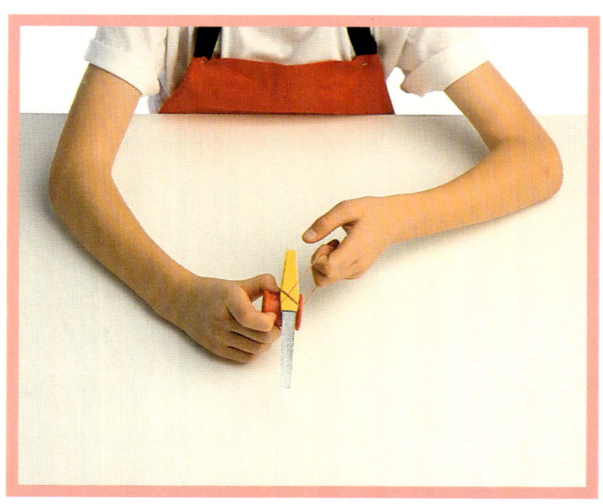

1 Avec le fil, fais 200 fois le tour du boulon. Dénude les deux extrémités du fil. Fixe le boulon au carton avec de la pâte à modeler.

2 Avec l'élastique, attache la lime à la bobine. Il est important qu'elle tienne bien.

3 Gratte le bas de la canette avec les ciseaux : tu dois enlever un petit carré de peinture sur chaque face.

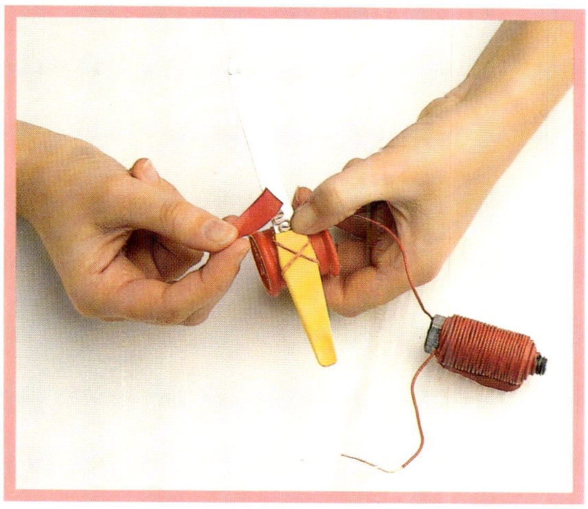

4 Scotche l'un des bouts du fil du boulon sur le métal de la lime. Fixe la bobine sur le carton avec de la pâte à modeler.

5 Dénude les extrémités d'un morceau de fil. Attache l'une à la pile, scotche l'autre sur le carré décapé de la canette.

6 La canette fixée au carton, l'autre carré décapé contre la lime, branche le boulon sur l'interrupteur puis sur la pile.

Bourdonnement

Lorsque tu fermes l'interrupteur, l'électricité passe dans le circuit. Le boulon se transforme en électroaimant. Il attire la lime et l'écarte de la canette. Le circuit est alors rompu, l'électroaimant perd son magnétisme, la lime retombe sur la canette, le circuit est de nouveau fermé. Et, ça recommence !

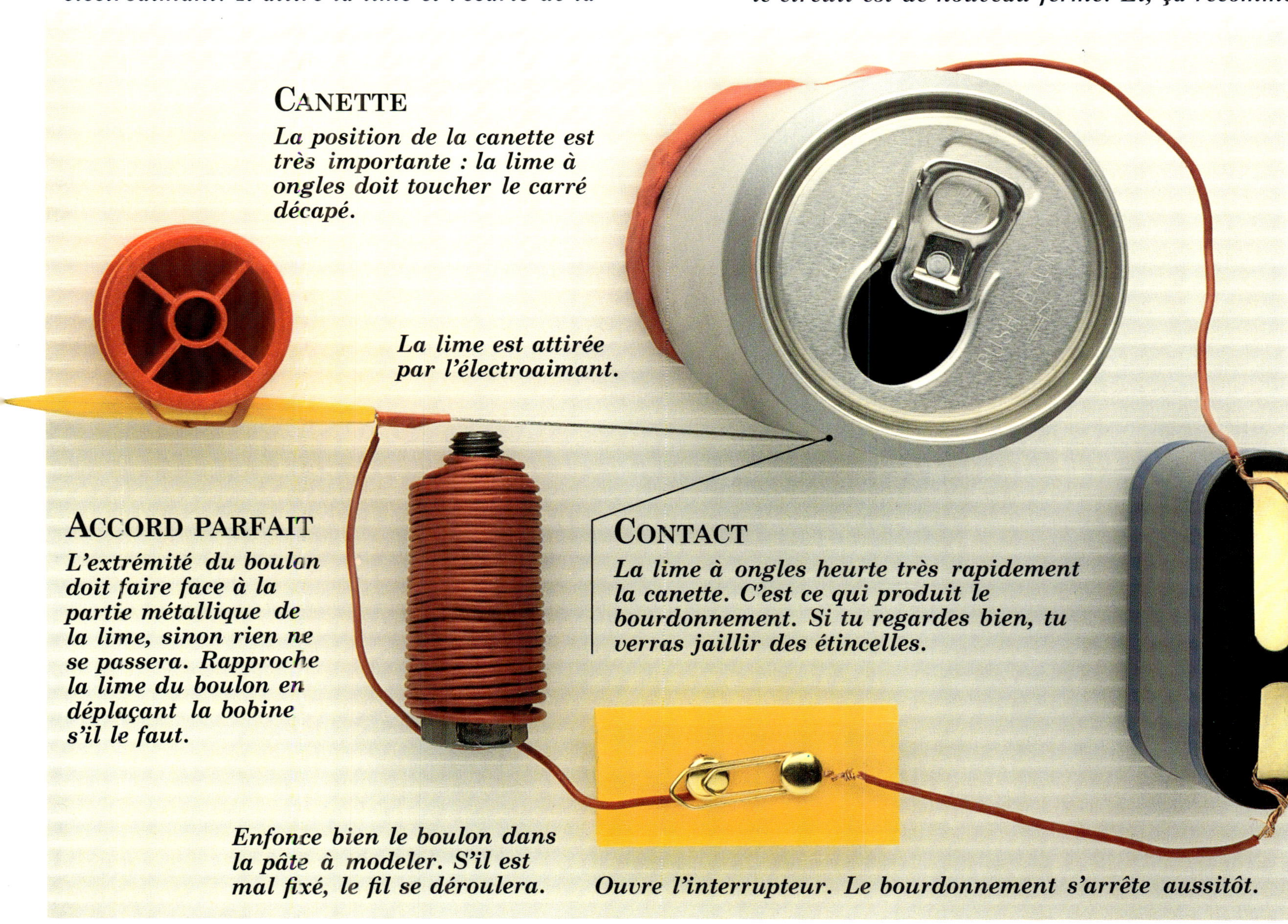

TON POSTE DE RADIO

Que dirais-tu de fabriquer ta propre radio ? Tu ne sais pas comment t'y prendre ? Suis très attentivement les explications des cinq prochaines pages et ton désir deviendra réalité ! Tout le matériel qu'il te faut est photographié ci-dessous. Regarde page 48 où tu peux l'acheter. Ne t'inquiète pas trop si ce que tu as acheté n'est pas exactement semblable à ce que tu vois ici.

Carton ondulé

MATÉRIEL

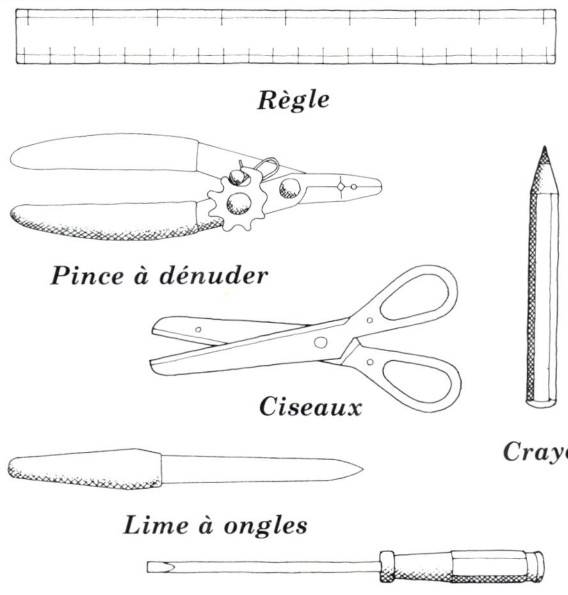

Règle

Pince à dénuder

Ciseaux

Crayon

Lime à ongles

Petit tournevis

Il te faut

1 condensateur de 470 picofarads

1 diode

2 résistances 3,3 kilo-ohms

1 condensateur polarisé de 3,3 microfarads

1 résistance de 10 kilo-ohms

1 résistance de 22 kilo-ohms

1 rhéostat de 10 kilo-ohms

*2 transistors PNP d'usage courant**

Interrupteur (voir p. 19)

1 pile de 9 volts

Écouteur

20 mètres environ de fil électrique

Boîte à chaussures

* *Les transistors peuvent être différents de ceux-ci. Demande les numéros BC 327 ou 2N 2904 : on les trouve facilement.*

Papier d'aluminium

Papier de couleur

Ruban adhésif

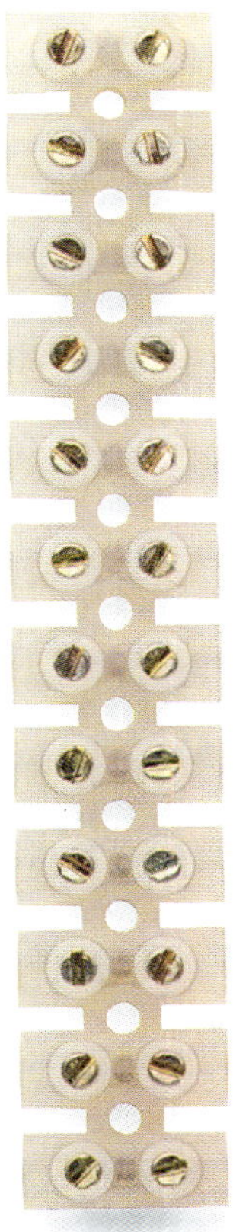

1 rangée de 12 dominos

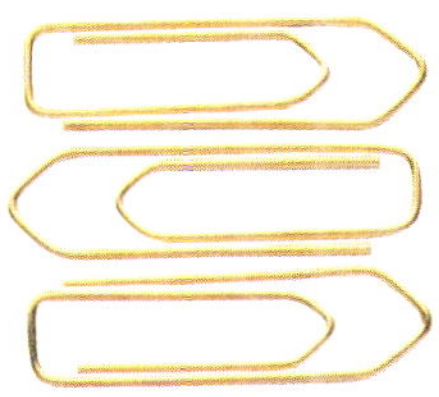

3 trombones

2 attaches

1 bobine

Colle

Fil magnétique à rouler, calibre 25-30 ou du fil de cuivre recouvert de résine (pour la bobine de réception)

Prépare la boîte

1 Sur l'un des petits côtés de la boîte, dessine un rectangle égal à la longueur de la bobine et découpe-le avec soin.

2 Perce deux trous sur l'un des grands côtés de la boîte. Le plus large pour le bouton du volume, l'autre pour l'écouteur.

3 Découpe des formes de papier de couleur et de papier d'aluminium pour décorer ta radio.

4 Coupe deux morceaux de fil souple, de 10 m, et de 5 m de long. Dénude leur extrémité. Fixe une attache à chacune.

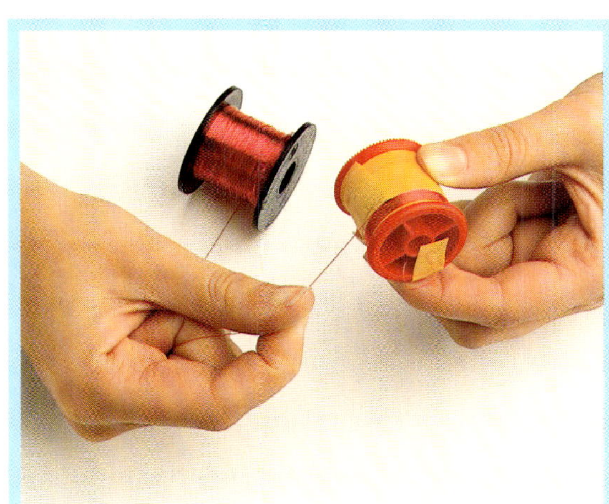

5 Entoure la bobine de ruban adhésif, face collante à l'extérieur. Enroule dessus le fil fin. Serre bien tes tours.

6 Lime l'extrémité du fil et une bande sur la bobine. Un trombone servira de bras de réglage.

TA STATION RADIO

Pour ne pas te tromper, reporte-toi souvent au circuit complet, photographié sur la page suivante. Rassure-toi, les différents branchements te sont aussi expliqués étape par étape. Certains composant se branchent dans un sens très précis. En cas de doute, demande conseil au marchand qui te les a vendus.

Avant tout

Coupe un morceau de carton qui recevra le circuit. Divise la plaque des 12 dominos en 9 paires plus un segment de 3.

Comment utiliser les dominos

Desserre une des vis du domino. Glisse dans l'espace libre un fil ou une jambe de composant.

Resserre alors la vis. Tire doucement sur le fil pour vérifier le branchement. Colle le domino sur le carton.

Diode

Attention ! Ne te trompe pas. C'est l'extrémité marquée d'un trait noir qui doit être reliée au transistor.

Transistors

Un transistor a trois jambes : la base, l'émetteur et le récepteur*. Tu dois les séparer et brancher chacune à un domino.

Condensateur polarisé

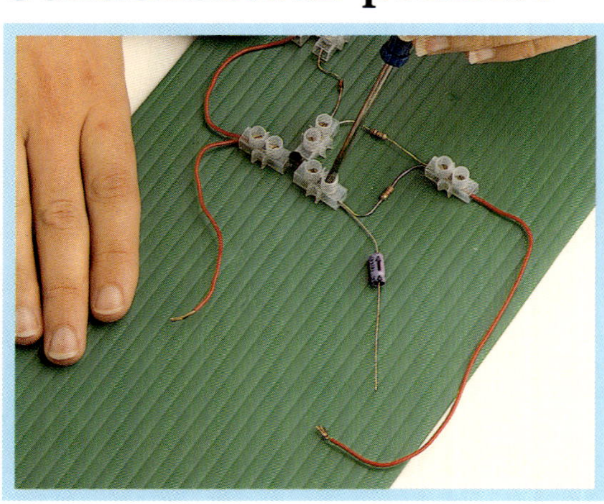

Branche la jambe négative du condensateur (marquée d'une flèche ou du signe moins) au récepteur du transistor.

Rhéostat

Branche le groupe des trois dominos sur le rhéostat, un fil dans chaque borne.

Pile

Attention en la branchant : le pôle négatif doit être relié à l'interrupteur.

**** Les instructions fournies avec tes transistors t'aideront à distinguer chaque jambe.***

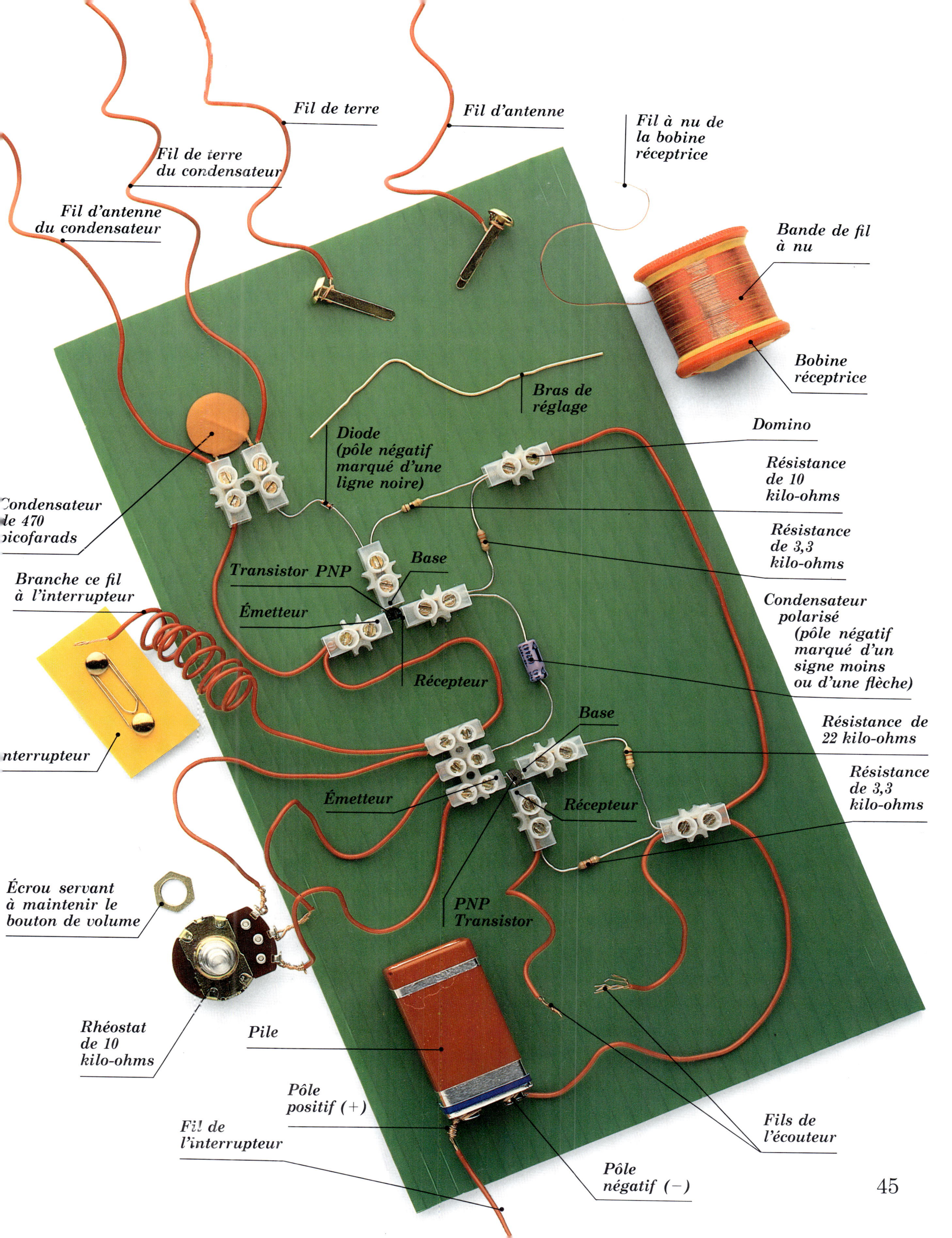
Fil de terre
Fil d'antenne
Fil à nu de la bobine réceptrice
Fil de terre du condensateur
Fil d'antenne du condensateur
Bande de fil à nu
Bobine réceptrice
Bras de réglage
Domino
Diode (pôle négatif marqué d'une ligne noire)
Condensateur de 470 picofarads
Résistance de 10 kilo-ohms
Résistance de 3,3 kilo-ohms
Base
Transistor PNP
Branche ce fil à l'interrupteur
Émetteur
Condensateur polarisé (pôle négatif marqué d'un signe moins ou d'une flèche)
Récepteur
Base
Résistance de 22 kilo-ohms
Interrupteur
Résistance de 3,3 kilo-ohms
Émetteur
Récepteur
Écrou servant à maintenir le bouton de volume
PNP Transistor
Rhéostat de 10 kilo-ohms
Pile
Pôle positif (+)
Fil de l'interrupteur
Fils de l'écouteur
Pôle négatif (−)

EXPLORE LES ONDES

Les finitions

1 Pose le circuit dans la boîte. Scotche la bobine, à moitié enfoncée dans le trou. Le fil et la bande dénudée doivent se trouver vers l'extérieur.

2 Recourbe le bras de réglage autour de l'attache du fil de terre. Fixe aussi dessus le fil de terre du condensateur.

3 Fixe à l'attache du fil aérien le fil à nu de la bobine et le fil aérien du condensateur. Enfonce les attaches dans la boîte.

Règle ta radio

Ta radio est prête, les ondes t'attendent ! Commence par mettre tout doucement les écouteurs sur tes oreilles. Puis fais glisser le bras de réglage sur la bande de fil à nu de la bobine. Tu captes alors différentes stations de radio, autant que de tours de fil.

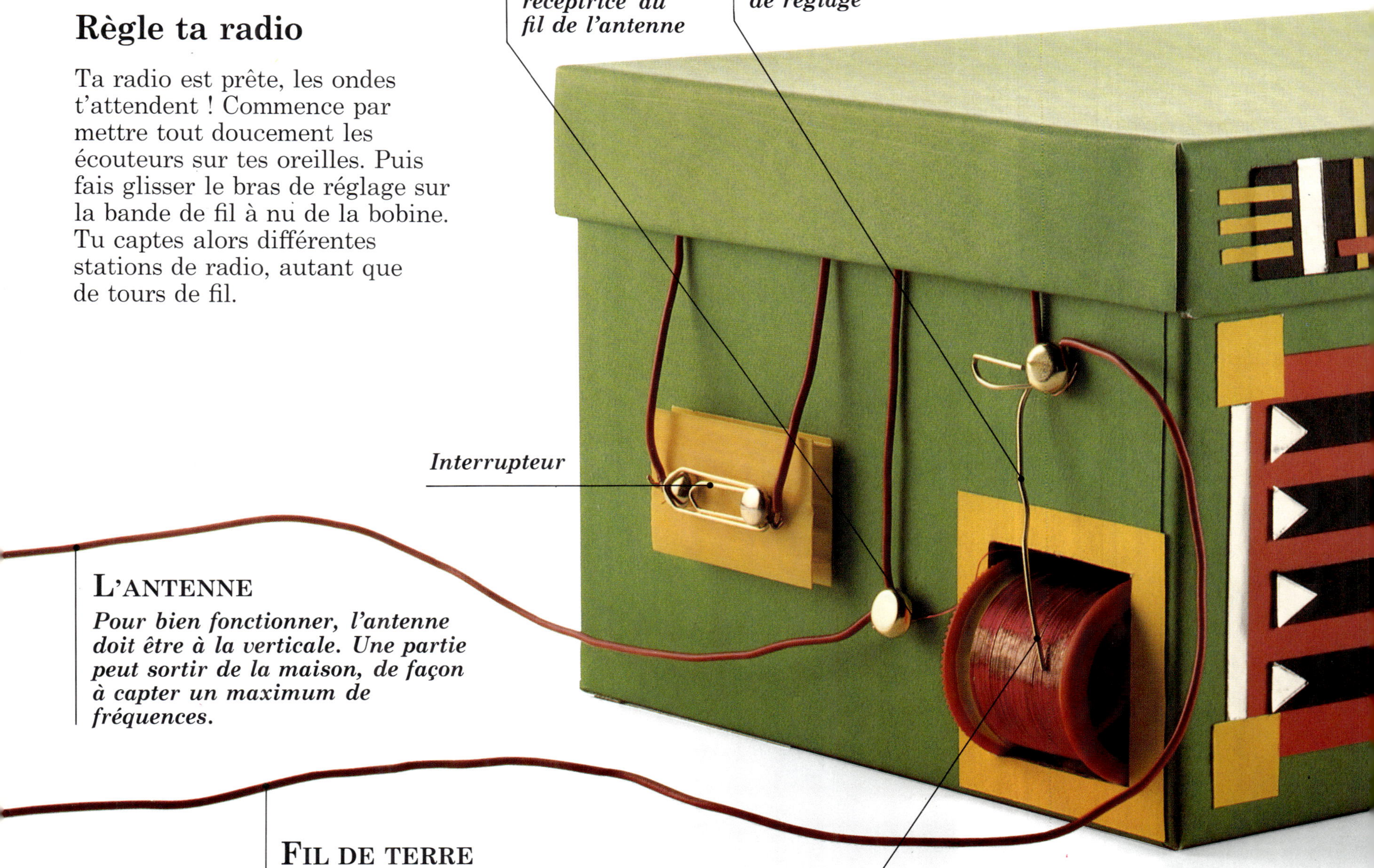

Fil allant de la bobine réceptrice au fil de l'antenne

Trombone servant de bras de réglage

Interrupteur

L'ANTENNE

Pour bien fonctionner, l'antenne doit être à la verticale. Une partie peut sortir de la maison, de façon à capter un maximum de fréquences.

FIL DE TERRE

Enlève 15 cm de plastique au bout du fil de terre et fixe-le à un robinet métallique.

Incline le bras de réglage pour qu'il appuie fortement sur la bande de fil à nu.

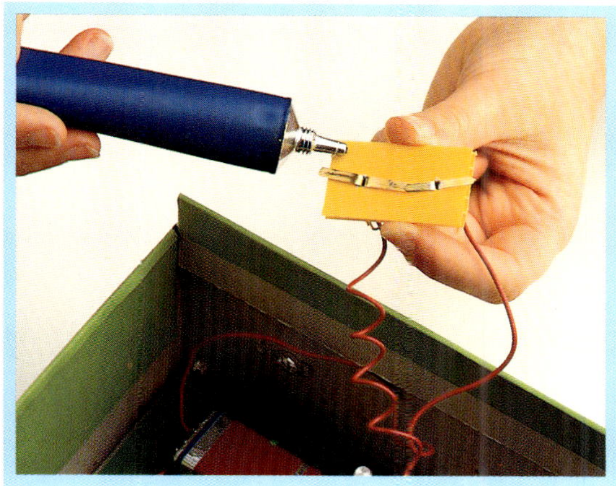

4 Branche le fil de la pile à l'interrupteur. Colle-le ensuite à l'extérieur de la boîte, à côté de la bobine.

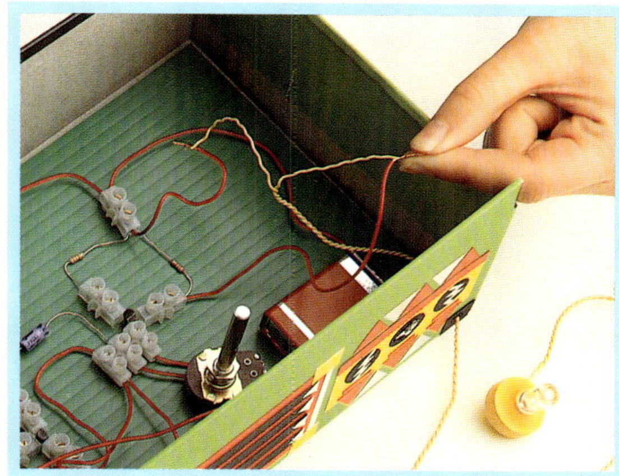

5 Passe les fils de l'écouteur dans le plus petit des trous, à l'avant de la boîte. Branche-les aux fils de la résistance de 3,3 kilo-ohms.

6 Passe l'axe du rhéostat dans le trou le plus large et serre bien l'écrou. Enroule du ruban adhésif autour du bouton pour l'épaissir.

Bande de réglage

Colle des morceaux de papier de couleur et d'aluminium qui imiteront une bande de réglage.

Serre bien l'écrou pour que le bouton ne bouge pas.

Contrôle du volume

Augmente le son si tu obtiens mal la station. Baisse-le si tu entends trop fort car tu risques de t'abîmer les oreilles. C'est important !

Rentre le fil de l'écouteur dans la radio, une fois que tu as fini d'écouter.

Ce qui se passe

Les ondes invisibles, qui propagent les fréquences de radio à travers l'espace, sont des phénomènes électriques et magnétiques. Elles sont captées par les antennes. En réglant ta radio, tu sélectionnes une certaine fréquence et tu la renforces. Les écouteurs transforment ensuite cette fréquence en sons.

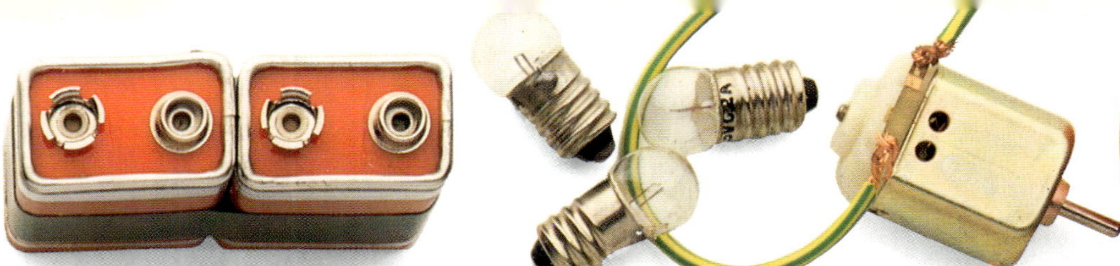

VÉRIFIE BIEN...

Si tes circuits électriques ne fonctionnent pas :

1. Vérifie que tu as correctement branché chaque composant et chaque fil.

2. Appuie sur les branchements effectués avec du ruban adhésif ou du papier d'aluminium pour t'assurer qu'ils sont bien serrés.

3. Si jamais l'un des composants, un branchement de papier d'aluminium ou un fil à nu, entre accidentellement en contact avec une autre partie du circuit, cela peut causer un court-circuit.

4. Si le circuit continue à marcher alors que l'interrupteur est ouvert, cela peut signifier que les attaches se touchent par-dessous.

5. Si tu as vérifié tous les éléments indiqués ci-dessus et que ton circuit ne fonctionne toujours pas, essaie de remplacer les piles.

6. Si rien ne marche encore, l'un des composants au moins est mauvais. Dans le cas de la radio, il s'agit probablement des transistors. Essaie de les changer.

Où trouver ton matériel ?

Dans les **quincailleries ou les boutiques d'électriciens :** tournevis, pince à dénuder, fil, piles, moteurs, douilles, ampoules, aimants, connecteurs, écrous, boulons, rondelles.
Dans les **magasins d'électronique** (essaie les réparateurs de téléviseurs, ou cherche des adresses dans les pages jaunes de l'annuaire ou dans les magazines spécialisés) : composants pour la radio, fil, fil de connection, diodes.
Dans les **bazars :** moteurs, feutres, cure-pipes, plastique ondulé.
Dans les **magasins de jouets :** limaille, aimants.